CB141213

Protocolo unificado para tratamento transdiagnóstico de transtornos emocionais

FBTC
Federação Brasileira de Terapias Cognitivas

artmed

A Artmed é a editora oficial da FBTC

P967 Protocolo unificado para tratamento transdiagnóstico de transtornos emocionais : guia do terapeuta / David H. Barlow... [et al.] ; tradução técnica : Irismar Reis de Oliveira, Ana Cláudia Corrêa de Ornelas. – 2. ed. – Porto Alegre : Artmed, 2025.
xviii, 173 p. : il. ; 25 cm.

ISBN 978-65-5882-300-1

1. Transtornos psicológicos. 2. Transdiagnóstico. I. Barlow, David H.

CDU 616.89-08

Catalogação na publicação: Karin Lorien Menoncin – CRB 10/2147

David H. **Barlow**
Todd J. **Farchione**
Shannon **Sauer-Zavala**
Heather Murray **Latin**
Kristen K. **Ellard**
Jacqueline R. **Bullis**
Kate H. **Bentley**
Hannah T. **Boettcher**
Clair **Cassiello-Robbins**

Protocolo unificado para tratamento transdiagnóstico de transtornos emocionais

guia do terapeuta

2ª edição

Tradução técnica

Irismar Reis de Oliveira
Professor livre-docente e titular de Psiquiatria da Universidade Federal da Bahia. Membro titular da Academia de Medicina da Bahia. Terapeuta cognitivo certificado pelo Beck Institute, Estados Unidos. Fundador e diretor do Trial-Based Cognitive Therapy Institute, New York, Estados Unidos.

Ana Cláudia Corrêa de Ornelas
Psicóloga certificada em Terapia Cognitivo-comportamental pela Federação Brasileira de Terapias Cognitivas. Psicoterapeuta bilíngue licenciada em Massachusetts, Estados Unidos. Doutora em Saúde Mental, com pós-doutorado, pela Universidade Federal do Rio de Janeiro. Acadêmica internacional da Boston University, Estados Unidos.

artmed

Porto Alegre
2025

Obra originalmente publicada sob o título *Unified Protocol for Transdiagnostic Treatment of Emotional Disorders: Therapist Guide*, 2nd Edition
ISBN 9780190685973

Copyright © 2018 by Oxford University Press

This translation is published by arrangement with Oxford University Press.
GA Educação is solely responsible for this translation from the original work and Oxford University Press shall have no liability for any errors, omissions or inaccuracies or ambiguities in such translation or for any losses caused by reliance thereon.

Gerente editorial
Alberto Schwanke

Coordenadora editorial
Cláudia Bittencourt

Editora
Paola Araújo de Oliveira

Capa
Paola Manica | Brand&Book

Preparação de originais
Mirela Favaretto

Leitura final
Netuno

Editoração
AGE – Assessoria Gráfica Editorial Ltda.

Reservados todos os direitos de publicação, em língua portuguesa, ao
GA EDUCAÇÃO LTDA.
(Artmed é um selo editorial do GA EDUCAÇÃO LTDA.)
Rua Ernesto Alves, 150 – Bairro Floresta
90220-190 – Porto Alegre – RS
Fone: (51) 3027-7000

SAC 0800 703 3444 – www.grupoa.com.br

É proibida a duplicação ou reprodução deste volume, no todo ou em parte, sob quaisquer formas ou por quaisquer meios (eletrônico, mecânico, gravação, fotocópia, distribuição na Web e outros), sem permissão expressa da Editora.

IMPRESSO NO BRASIL
PRINTED IN BRAZIL

Autores

David H. Barlow, PhD, professor emérito de Psicologia e Psiquiatria e fundador do Center for Anxiety and Related Disorders da Boston University. Editor-chefe da série de guias para terapeutas e manuais para pacientes *Tratamentos que funcionam*, além de editor do *The Oxford Handbook of Clinical Psychology*. Publicou mais de 600 artigos e capítulos de livros e mais de 80 livros e manuais clínicos, principalmente na área de natureza e tratamento dos transtornos emocionais e metodologia de pesquisa clínica.

Todd J. Farchione, PhD, professor associado de pesquisa do Departamento de Ciências Psicológicas e do Cérebro do Center for Anxiety and Related Disorders da Boston University. Sua pesquisa foca na natureza, na avaliação e no tratamento de transtornos de ansiedade, do humor e relacionados. Publicou mais de 60 artigos e capítulos de livros nessa área.

Shannon Sauer-Zavala, PhD, professora assistente de pesquisa do Departamento de Psicologia da Boston University e diretora do Unified Protocol Training Institute. Sua pesquisa se concentra em identificar fatores que mantêm sintomas em amplas categorias de transtornos psicológicos e usar essas informações para otimizar o tratamento de diagnósticos comumente comórbidos. Tem mais de 60 publicações revisadas por pares nessa área e atualmente conta com uma bolsa do National Institute of Mental Health.

Heather Murray Latin, PhD, professora assistente de pesquisa do Departamento de Ciências Psicológicas e do Cérebro da Boston University.

Kristen K. Ellard, PhD, instrutora de Psicologia da Harvard Medical School e assistente em Psicologia e pesquisadora clínica do Departamento de Psiquiatria e da Divisão de Neuroterapias do Dauten Family Center for Bipolar Treatment Innovation, Massachusetts General Hospital.

Jacqueline R. Bullis, PhD, instrutora do Departamento de Psiquiatria da Harvard Medical School e pesquisadora clínica da Divisão de Transtornos Depressivos e de Ansiedade do Hospital McLean. Doutora em Psicologia Clínica pela Boston University.

Kate H. Bentley, PhD, bolsista clínica e de pesquisa do Massachusetts General Hospital/Harvard Medical School. Doutora em Psicologia Clínica pela Boston University.

Hannah T. Boettcher, MA, estagiária pré-doutoral no VA Medical Center em Lexington, Kentucky. Doutora em Psicologia Clínica pela Boston University.

Clair Cassiello-Robbins, MA, estudante avançada de doutorado no programa de Psicologia Clínica da Boston University.

Agradecimentos

Temos profunda gratidão às seguintes pessoas que contribuíram para o desenvolvimento deste programa de tratamento. Em primeiro lugar, agradecemos aos autores da 1ª edição deste guia (Tina Boisseau, Chris Fairholme e Laura Payne). Sem suas contribuições cuidadosas para a 1ª edição, esta não teria sido possível. Além disso, nossos agradecimentos vão para Amantia Ametaj, James Boswell, Laren Conklin, Matthew Gallagher e Cassidy Gutner, cujos comentários foram inestimáveis para implementar as atualizações incluídas neste livro. Também gostaríamos de expressar nossa gratidão aos membros passados e atuais do nosso grupo de pesquisa que ajudaram a moldar o pensamento sobre o Protocolo Unificado: Jenna Carl, Johanna Thompson-Hollands, Julianne Wilner, Meghan Fortune, Katherine Kennedy, Ujunwa Anakwenze, Olenka Olesnycky, Gabriela Aisenberg e Gayle Tan. Finalmente, desejamos estender nossos agradecimentos aos pesquisadores e clínicos que utilizam o Protocolo Unificado ao redor do mundo, que forneceram suas percepções sobre o tratamento e enviaram sugestões para esta 2ª edição, bem como aos nossos pacientes, cuja disposição em compartilhar suas experiências tem sido inestimável para o desenvolvimento inicial e o aprimoramento contínuo deste programa de tratamento.

Prefácio

Progressos notáveis na área da saúde ocorreram nos últimos anos, mas muitas de nossas intervenções amplamente reconhecidas na saúde mental e na medicina comportamental foram questionadas pelas evidências de pesquisa, não apenas pela falta de benefício, mas, talvez, por induzirem danos (Barlow, 2010). Outras estratégias se mostraram eficazes usando os melhores padrões de evidência atuais, resultando em recomendações amplas para tornar essas práticas mais acessíveis ao público (McHugh & Barlow, 2010). Vários avanços recentes estão por trás dessa revolução. Primeiro, alcançamos uma compreensão muito mais profunda das patologias, tanto psicológicas quanto físicas, o que levou ao desenvolvimento de novas intervenções, mais precisamente direcionadas. Segundo, nossas metodologias de pesquisa melhoraram de forma substancial, reduzindo as ameaças à validade interna e externa e tornando os resultados mais diretamente aplicáveis a situações clínicas. Terceiro, governos ao redor do mundo, sistemas de saúde e formuladores de políticas decidiram que a qualidade do atendimento deveria melhorar, que ele deveria ser baseado em evidências e que é do interesse público garantir que isso aconteça (Barlow, 2004; Institute of Medicine, 2001, 2015; McHugh & Barlow, 2010).

Claro, o grande obstáculo para os terapeutas em todo o mundo é o acesso a intervenções psicológicas baseadas em evidências recém-desenvolvidas. Treinamentos e livros podem ir até certo ponto no sentido de familiarizar profissionais responsáveis e conscientes às práticas mais recentes de saúde comportamental e sua aplicabilidade aos pacientes. A série de livros *Tratamentos que funcionam* é dedicada a comunicar essas novas e interessantes intervenções aos terapeutas na linha de frente da prática.

Os guias para terapeutas e manuais para pacientes da série contêm procedimentos detalhados passo a passo para avaliar e tratar problemas e diagnósticos específicos.

Hoje, o consenso crescente é que a prática baseada em evidências oferece o curso de ação mais responsável para o profissional da saúde mental. Todos os terapeutas de saúde comportamental têm profundo desejo de proporcionar o melhor cuidado possível a seus pacientes. Nosso objetivo, portanto, é fechar a lacuna de disseminação e informação e tornar isso possível.

Um dos principais desenvolvimentos nos programas de tratamento baseados em evidências, com base na pesquisa e na avaliação clínicas mais atualizadas, é encontrado nas intervenções unificadas e transdiagnósticas para os transtornos que compartilham características e respondem a procedimentos terapêuticos comuns. O entendimento cada vez maior da natureza dos transtornos psicológicos revela que as semelhanças na etiologia e nas estruturas latentes entre muitas classes superam as diferenças, e muitos transtornos em uma classe parecem muito semelhantes em termos de problemas comportamentais e funcionamento cerebral. De fato, a maioria das pessoas com um transtorno ou problema geralmente tem outro problema ou transtorno comórbido, muitas vezes da mesma classe. Pensar nesses transtornos ou problemas como relacionados, ou em um "espectro", é a abordagem agora adotada pelos terapeutas mais conhecidos e pelos autores do *Manual diagnóstico e estatístico de transtornos mentais* (DSM-5).

Protocolo unificado para tratamento transdiagnóstico de transtornos emocionais faz parte de uma série de livros que buscam refletir e responder ao reconhecimento crescente sobre a importância da abordagem do espectro no tratamento em saúde mental. Este livro foi projetado para lidar com transtornos emocionais. De maneira geral, esse grupo inclui todos os transtornos de ansiedade e do humor (depressivos), como transtorno de pânico com ou sem agorafobia, transtorno de ansiedade social, transtorno de ansiedade generalizada, transtorno de estresse pós-traumático, transtorno obsessivo-compulsivo e depressão. O programa também foi projetado para tratar "transtornos emocionais" próximos, como ansiedade relacionada à saúde, experiência de dissociação (sensação de irrealidade) e abuso de álcool ou substâncias associado a um afeto negativo substancial, como ansiedade e depressão. O que todos esses transtornos têm em comum, com base em descobertas recentes, é uma resposta emocional excessiva ou inadequada acompanhada pela sensação de que as emoções estão fora de controle.

Nesta 2ª edição totalmente atualizada e revisada, os procedimentos de tratamento foram ainda mais elucidados, e orientação adicional é fornecida aos terapeutas sobre como apresentar os conceitos-chave do tratamento. Novos capítulos introduzem a avaliação funcional e descrevem como implementar o Protocolo Unificado (PU) em formato de grupo, enquanto os materiais do paciente foram revisados, simplificados e se tornaram mais fáceis de usar.

O desenvolvimento do *Protocolo unificado para tratamento transdiagnóstico de transtornos emocionais* começou com os princípios-chave dos tratamentos tradicionais baseados em evidências para os transtornos emocionais (terapia cognitivo-comportamental [TCC]; p. ex., Barlow & Craske, 2006), integrados com avanços nas pesquisas sobre regulação e desregulação emocional (p. ex., Fairholme, Boisseau, Ellard, Ehrenreich, & Barlow, 2010). É importante notar que o PU continua a enfatizar os princípios fundamentais das abordagens tradicionais da TCC aplicados aos transtornos emocionais, como a aprendizagem da extinção, por meio da prevenção de estratégias de evitação cognitiva e comportamental; a exposição comportamental, emocional e interoceptiva; e o incentivo à flexibilidade cognitiva.

Este programa geralmente não é recomendado para fobias específicas, se se tratar de um problema não acompanhado por outros transtornos emocionais. Há livros que podem lidar de forma mais eficiente com esse problema (ver Craske, Antony, & Barlow, 2006).

David H. Barlow

REFERÊNCIAS

Barlow, D. H. (2004). Psychological treatments. *American Psychologist, 59*, 869–878.

Barlow, D. H. (2010). Negative effects from psychological treatments: A perspective. *American Psychologist, 65*(2), 13–20.

Barlow D. H. & Craske, M. G. (2006). *Mastery of your anxiety and panic (4th ed): Therapist guide*. New York: Oxford University Press.

Craske, M. G., Antony, M. M., & Barlow, D. H. (2006). *Mastering your fears and phobias (2nd ed): Therapist guide*. New York: Oxford University Press.

Fairholme, C. P., Boisseau, C. L., Ellard, K. K., Ehrenreich, J. T., & Barlow, D. H. (2010). Emotions, emotion regulation, and psychological treatment: A unified perspective. In A. M. Kring & D. M. Sloan (Eds.), *Emotion regulation and psychopathology: A transdiagnostic approach to etiology and treatment*. (pp. 283–309). New York: Guilford Press.

Institute of Medicine. (2001). *Crossing the quality chasm: A new health system for the 21st century*. Washington, DC: National Academy Press.

Institute of Medicine (IOM). (2015). Psychosocial interventions for mental and substance use disorders: A framework for establishing evidence-based standards. Washington, DC: National Academies Press.

McHugh, R. K., & Barlow, D. H. (2010). Dissemination and implementation of evidence-based psychological interventions: A review of current efforts. *American Psychologist*, 65(2), 73–84.

ACESSANDO FORMULÁRIOS E PLANILHAS *ON-LINE*

Todos os formulários e planilhas deste guia estão disponíveis *on-line*. Para acessar esse material, visite a página do livro em loja.grupoa.com.br.

Apresentação à edição brasileira

O Protocolo Unificado (PU) representa um tratamento inovador centrado nas emoções, destinado a atuar nos processos psicológicos fundamentais por trás dos transtornos emocionais, fornecendo aos pacientes habilidades e estratégias para lidar com os sintomas de uma ampla variedade de diagnósticos. Criado por David Barlow e colaboradores no Center for Anxiety and Related Disorders, da Boston University, em 2011, o PU vem se fortalecendo com pesquisas conduzidas ao redor do mundo e, agora, torna-se disponível em língua portuguesa para uso pelos profissionais da saúde mental no Brasil.

Como abordagem psicoterápica transdiagnóstica, o PU aborda o neuroticismo, visando modificar as reações aversivas e evitativas ante emoções que, embora proporcionem alívio em curto prazo, aumentam a probabilidade de futuras emoções negativas e a manutenção dos sintomas do transtorno. As estratégias incluídas neste tratamento baseiam-se, em grande parte, nos princípios comuns encontrados nos tratamentos psicológicos baseados em evidências, ou seja, na incorporação da atenção plena às emoções, da flexibilidade cognitiva, da mudança das tendências de ação associadas às emoções perturbadoras e da utilização de procedimentos de exposição às emoções. O foco nessas habilidades essenciais foi ajustado para abordar especificamente as respostas afetivas e negativas essenciais às experiências emocionais.

No Guia do Terapeuta, Barlow e colaboradores descrevem o passo a passo a ser usado no PU, orientando, com base no Manual do Paciente, as estratégias clínicas a serem implementadas pelos pacientes. As sessões são conduzidas de acordo com um plano de tratamento e podem ser realizadas nas modalidades individual ou em grupo. A seguir, veja a distribuição dos capítulos deste guia e suas equivalências no Manual do Paciente.

Capítulo	Capítulo correspondente no Manual do Paciente	Descrição do conteúdo
1	–	Breve história sobre as pesquisas e a aplicabilidade clínica do PU na saúde mental.
2	–	Princípios básicos subjacentes ao tratamento e como os procedimentos podem ser realizados.
3	–	Instrumentos que avaliam as emoções semanalmente.
4	1 a 3	Visão geral do tratamento e dos procedimentos, como a conceitualização e a construção da aliança terapêutica.
5	1 a 3	Detalhamento da sessão 1, introduzindo a avaliação funcional e o tratamento.
6	4	Módulo 1: Definição de metas e estratégias para manter a motivação.
7	5 e 6	Módulo 2: Psicoeducação sobre a natureza funcional e adaptativa das emoções e desenvolvimento de maior conscientização dos padrões de resposta emocional.
8	7	Módulo 3: Introdução ao treinamento da atenção plena às emoções.
9	8	Módulo 4: Desenvolvimento da flexibilidade cognitiva.
10	9	Módulo 5: Componente comportamental da resposta emocional e papel dos comportamentos emocionais desadaptativos.
11	10	Módulo 6: Exposição interoceptiva às sensações físicas associadas às emoções intensas.
12	11	Módulo 7: Exposição gradual às emoções intensas.
13	–	Informações sobre medicamentos usados para tratar ansiedade, depressão e transtornos emocionais relacionados.
14	13	Módulo 8: Reconhecimento das conquistas e olhar para o futuro.
15	–	Aplicação em grupo.

O Guia do Terapeuta é de grande valia para instrumentalizar o profissional na utilização do PU no tratamento dos transtornos emocionais. Assim, convidamos você a embarcar nessa rica experiência que é explorar o PU com seus pacientes.

Irismar Reis de Oliveira
Professor livre-docente e titular de Psiquiatria da Universidade Federal da Bahia. Membro titular da Academia de Medicina da Bahia. Terapeuta cognitivo certificado pelo Beck Institute, Estados Unidos. Fundador e diretor do Trial-Based Cognitive Therapy Institute, New York, Estados Unidos.

Ana Cláudia Corrêa de Ornelas
Psicóloga certificada em Terapia Cognitivo-comportamental pela Federação Brasileira de Terapias Cognitivas. Psicoterapeuta bilíngue licenciada em Massachusetts, Estados Unidos. Doutora em Saúde Mental, com pós-doutorado, pela Universidade Federal do Rio de Janeiro. Acadêmica internacional da Boston University, Estados Unidos.

Sumário

PARTE I

Fundamentos para os terapeutas

1

Introdução ao Protocolo Unificado

"Chamo de servidão a impotência humana para regular e refrear os afetos. Pois o homem submetido aos afetos não está sob seu próprio comando, mas sob o do acaso, a cujo poder está a tal ponto sujeitado que é, muitas vezes forçado, ainda que perceba o que é melhor para si, a fazer, entretanto, o pior."
— Baruch Spinoza, *Ética*

Nas últimas décadas, muitos avanços foram feitos no tratamento psicológico dos transtornos de ansiedade e do humor. De fato, tratamentos eficazes surgiram para as condições de saúde mental mais comuns (p. ex., Mastery of Your Anxiety and Panic para o transtorno de pânico, Managing Social Anxiety para o transtorno de ansiedade social; Barlow & Craske, 2007; Hope, Heimberg, & Turk, 2006). Esses protocolos individuais têm se concentrado em abordar os sintomas específicos associados a um determinado transtorno (p. ex., ataques de pânico, medo de avaliação social). No entanto, as conceituações mais recentes dessas condições comuns enfatizam suas semelhanças em vez de suas diferenças. Especificamente, as pesquisas sugerem que há uma sobreposição considerável de sintomas entre os transtornos; por exemplo, a preocupação ocorre em todos os transtornos de ansiedade, embora o foco possa variar entre as condições (p. ex., preocupação com a segurança dos entes queridos no transtorno de ansiedade generalizada, preocupação com a ocorrência de outro ataque de pânico no transtorno de pânico). Além disso, parece haver uma resposta ampla ao tratamento ao focar em um transtorno que muitas vezes se generaliza para outras condições de saúde. Finalmente, há taxas muito altas de comorbidade para a gama de transtornos de ansiedade e depressão (estimativas de até 75%; Brown, Campbell, Lehman,

Grisham, & Mancill, 2001), sugerindo que os pacientes não se encaixam perfeitamente nas caixas diagnósticas que o campo criou para eles. Em conjunto, essas evidências sugerem que pode haver um conjunto comum de vulnerabilidades que contribuem para o desenvolvimento de transtornos de ansiedade, depressão e outros transtornos relacionados, que podem se tornar um foco de tratamento mais eficiente do que os diversos sintomas em si.

Especificamente, as pesquisas convergem em três vulnerabilidades principais que colocam um indivíduo em risco de desenvolver muitas condições comuns de saúde mental. Primeiro, há evidências sugestivas de que os transtornos de ansiedade, depressão e outros transtornos relacionados se caracterizam por altos níveis de afeto negativo. Em outras palavras, os indivíduos com esses transtornos têm uma propensão temperamental a experimentar emoções negativas frequente e intensamente, referida como neuroticismo (Barlow, Sauer-Zavala, Carl, Bullis, & Ellard, 2014). Em segundo lugar, pessoas com essas condições comuns tendem a ver suas experiências emocionais de forma negativa (p. ex., "é fraqueza sentir-se assim", "ninguém mais está reagindo desse modo", "essas sensações físicas são terríveis"). Finalmente, reações aversivas às emoções, quando ocorrem, por sua vez, levam a esforços no sentido de evitá-las e suprimi-las. Os indivíduos com transtornos de ansiedade e depressão com frequência recorrem a estratégias de regulação emocional desadaptativas que acabam tendo efeito contrário (Purdon, 1999), mantendo altos níveis de afeto negativo e contribuindo para a persistência dos sintomas. Dado o papel das experiências emocionais no desenvolvimento e na manutenção de toda a gama de transtornos de ansiedade, depressão e outros transtornos relacionados, referimo-nos a essas condições como "transtornos emocionais" para enfatizar essa característica comum. Para mais informações sobre a natureza dos transtornos emocionais, consulte Barlow, Sauer-Zavala, Carl, Bullis e Ellard (2014).

Assim, as pesquisas de ponta apoiam uma abordagem unificada que considere essas semelhanças e seja aplicável a uma variedade de transtornos emocionais. Com base nesses avanços, desenvolvemos um tratamento aplicável a todos os transtornos de ansiedade e depressão unipolar e, potencialmente, a outros transtornos com fortes componentes emocionais (p. ex., transtornos alimentares, transtorno da personalidade *borderline*). O Protocolo Unificado (PU) para tratamento transdiagnóstico de transtornos emocionais aborda o neuroticismo ao focar nas reações aversivas e evitativas às emoções que, embora forneçam alívio em curto prazo, aumentam a probabilidade de emoções negativas futuras e mantêm os sintomas dos transtornos. As estratégias incluídas neste tratamento são amplamente baseadas nos princípios comuns encontrados em tratamentos psicológicos sustentados empiricamente — ou seja, fomentar a atenção plena, reavaliar cognições automáticas, mudar as tendências de ação associadas às emoções desordenadas e utilizar procedimentos de exposição. É importante notar, no entanto, que o foco dessas habilidades centrais foi ajustado para abordar especificamente as respostas negativas centrais às experiências emocionais, descritas em detalhes no capítulo seguinte.

VANTAGENS DE UMA ABORDAGEM UNIFICADA E TRANSDIAGNÓSTICA

Intervenções transdiagnósticas baseadas em mecanismos, como o PU, conferem várias vantagens práticas tanto para os pacientes quanto para os terapeutas (Sauer-Zavala et al., 2017). Primeiro, como já foi mencionado, as taxas de coocorrência entre os transtornos emocionais são bastante altas, e os protocolos para transtornos específicos (PTEs; ou seja, intervenções que se concentram nos sintomas de um único transtorno) não são equipados para lidar com condições comórbidas. Em contrapartida, ao abordar os processos emocionais centrais que mantêm os sintomas entre diferentes transtornos, o PU pode simultaneamente tratar condições comórbidas. Além disso, a ênfase no campo dos PTEs criou uma carga exaustiva de treinamentos, uma vez que os terapeutas precisam se familiarizar com um tratamento separado para quase cada transtorno. Mais uma vez, o PU elimina essa carga, pois os terapeutas precisam aprender apenas uma intervenção para fornecer cuidados baseados em evidências que abranjam a maioria das condições comuns.

EFICÁCIA DO PROTOCOLO UNIFICADO

O PU agora tem forte apoio empírico para seu uso em uma variedade de transtornos emocionais. Primeiro, em um pequeno ensaio clínico randomizado (N = 37), o PU demonstrou ser significativamente eficaz na redução dos sintomas para uma série de transtornos de ansiedade em comparação com um grupo de controle em lista de espera, com os pacientes continuando a melhorar até 18 meses após o tratamento (Bullis, Fortune, Farchione, & Barlow, 2014; Farchione et al., 2012).

Com base nesses resultados promissores, conduzimos, então, um ensaio maior e randomizado (N = 223) comparando o PU com protocolos baseados em evidências e considerados padrão-ouro, projetados para tratarem os sintomas específicos dos diagnósticos (ou seja, PTEs) de transtorno de ansiedade generalizada, transtorno de ansiedade social, transtorno obsessivo-compulsivo e transtorno de pânico. Os resultados indicaram que os sintomas dos transtornos emocionais melhoraram de maneira semelhante tanto com o PU quanto com os PTEs, com ambos os grupos demonstrando reduções significativas na gravidade do diagnóstico principal após o tratamento, sendo que o PU apresentou significativamente menos desistências do que os PTEs. No que diz respeito às condições comórbidas, 62% dos pacientes tratados com o PU não atendiam mais aos critérios diagnósticos para *qualquer* transtorno emocional, e essas melhoras foram amplamente mantidas um ano depois. De modo geral, esses resultados sugerem que a abordagem transdiagnóstica do PU é tão boa quanto o protocolo específico projetado explicitamente para aquela condição. Dadas as vantagens práticas do PU (descritas anteriormente), essas informações apoiam sua ampla disseminação.

Há também dados preliminares que sugerem que o PU pode ser aplicado com sucesso a outros diagnósticos caracterizados pelas vulnerabilidades dos transtornos emocionais descritas anteriormente. De forma específica, há evidências que apoiam seu uso em pacientes com transtornos emocionais com diagnóstico comórbido de abuso ou dependência de álcool (Ciraulo et al., 2013), transtornos depressivos unipolares (Boswell, Anderson, & Barlow, 2014), transtorno bipolar (Ellard, Deckersbach, Sylvia, Nierenberg, & Barlow, 2012), transtorno da personalidade *borderline* (Sauer-Zavala, Bentley, & Wilner, 2016) e transtorno de estresse pós-traumático (Gallagher, 2017).

Dado o foco do PU em abordar processos centrais, também estudamos sua capacidade de mudar dimensões do temperamento no contexto dos ensaios clínicos randomizados mencionados (Carl, Gallagher, Sauer-Zavala, Bentley, & Barlow, 2014). Os resultados revelaram que o PU, em comparação com o grupo de lista de espera, de fato produz pequenas a moderadas mudanças no neuroticismo do pré ao pós-tratamento. Significativamente, essas mudanças no temperamento estão relacionadas a melhoras no prejuízo funcional e na qualidade de vida (Carl et al., 2014). Essas informações ressaltam a importância potencial de considerar mudanças no temperamento ao avaliar os resultados do tratamento.

Além disso, com base nas vantagens relativas do tratamento em grupo comparado ao tratamento individual (p. ex., capacidade de tratar mais pacientes, redução do estigma associado à busca por tratamento, oportunidade de aprender com outros membros do grupo), estudamos a eficácia do PU aplicado em formato de grupo, que, coincidentemente, foi onde o protocolo se originou (Barlow, Allen, & Choate, 2004). Os resultados indicaram efeitos moderados a fortes sobre os sintomas de ansiedade e depressão, prejuízo funcional, qualidade de vida e habilidades de regulação emocional. Além disso, os pacientes que receberam o PU em formato de grupo relataram níveis de satisfação comparáveis aos que receberam administração individual (Bullis et al., 2015).

PROPÓSITO DESTE GUIA PARA TERAPEUTAS

Este livro foi desenvolvido para fornecer aos profissionais da saúde mental orientações sobre a administração do PU. Baseia-se em nossa pesquisa relacionada ao desenvolvimento deste protocolo por mais de uma década, em nossa experiência clínica ao administrar o tratamento a inúmeros indivíduos com transtornos emocionais e no *feedback* que recebemos de outros terapeutas que treinamos, bem como de outros que utilizam o PU regularmente em sua prática clínica. Vinhetas clínicas são fornecidas para ilustrar questões comuns que tendem a surgir na aplicação do protocolo e maneiras de resolvê-las. No entanto, para exemplos de casos mais detalhados abrangendo uma variedade de transtornos emocionais, consulte nossa publicação desenvolvida especificamente para esse fim (Barlow & Farchione, 2017).

Os primeiros quatro capítulos fornecem informações introdutórias e de base sobre o programa de tratamento. Os capítulos subsequentes apresentam instruções passo a passo para facilitar o tratamento e conduzir as sessões. Cada um desses capítulos corresponde a um capítulo no livro de exercícios do PU (para pacientes). Por favor, note que, neste guia, usamos intencionalmente os termos *terapeuta*, *clínico* e *profissional* de forma intercambiável para descrever os provedores de tratamento.

2

Princípios básicos subjacentes ao tratamento e esboço dos procedimentos do tratamento

PRINCÍPIOS BÁSICOS SUBJACENTES AOS PROCEDIMENTOS DE TRATAMENTO

O Protocolo Unificado (PU) baseia-se nos princípios tradicionais da terapia cognitivo-comportamental (TCC). No entanto, seu foco particular na forma como os indivíduos experimentam e respondem às emoções é único, pois coloca os processos emocionais em destaque, tornando-os acessíveis aos mecanismos psicológicos fundamentais de mudança. Esses mecanismos não apenas alteram o comportamento, incluindo as respostas à experiência emocional, mas também modificam o funcionamento cerebral e criam novos aprendizados e memórias (Craske & Mystkowski, 2006; Monfils, Cowansage, Klann, & LeDoux, 2009). A premissa principal deste tratamento é que os indivíduos com transtornos emocionais utilizam estratégias de regulação emocional — principalmente tentativas de evitar ou atenuar a intensidade das emoções desconfortáveis — que, no fim das contas, acabam tendo efeito reverso e contribuindo para a manutenção dos sintomas. Assim, o PU é uma abordagem de tratamento focada nas emoções; ou seja, o tratamento é projetado para ajudar os pacientes a aprenderem como enfrentar e vivenciar emoções desconfortáveis e como responder a essas emoções de maneira mais adaptativa. Ao modificar os hábitos de regulação emocional dos pacientes, este tratamento busca reduzir a intensidade e a incidência de experiências emocionais interferentes e avassaladoras, além de melhorar o funcionamento. Contudo, é importante compreender que o PU não tem como objetivo eliminar emoções desconfortáveis. Pelo contrário, o foco seria tornar as emoções mais funcionais, dessa forma, as emoções desconfortáveis podem ser adaptativas e úteis.

Os capítulos iniciais do Manual do Paciente do PU o ajudam a desenvolver uma maior compreensão das emoções. Os pacientes aprendem sobre as emoções, incluindo por que elas ocorrem e como são adaptativas, e são apresentados a um modelo de três componentes das emoções que os auxilia a desenvolver um entendimento maior da interação entre pensamentos, sensações físicas e comportamentos na geração de experiências emocionais internas. Além disso, os pacientes aprendem a monitorar suas experiências emocionais de acordo com esse modelo. Esse processo auxilia os pacientes a obterem maior consciência de suas experiências emocionais (incluindo os gatilhos e as consequências em curto e longo prazos do comportamento) e a adotarem uma visão mais objetiva de suas emoções, em vez de simplesmente serem "capturados" por suas respostas emocionais. Esse aumento na compreensão e na consciência das emoções transita para *a primeira habilidade central do PU, a atenção emocional consciente, que envolve a prática de uma atenção presente e não julgadora em relação às experiências emocionais.* Essa construção de consciência é vista como uma habilidade fundamental que serve para aumentar a aquisição de conceitos subsequentes do tratamento. Como tal, o PU enfatiza a natureza adaptativa e funcional das emoções e facilita sua maior tolerância.

Desafiar pensamentos automáticos relacionados a ameaças externas (p. ex., estar atrasado) e ameaças internas (p. ex., sensações físicas que levam a um ataque cardíaco) e aumentar a flexibilidade cognitiva compõem a segunda habilidade central do PU. Adaptamos as intervenções cognitivas existentes, conforme inovadas por Aaron T. Beck (Beck, 1972; Beck, Rush, Shaw, & Emery, 1979), para focar em duas distorções fundamentais: (1) superestimar a probabilidade de um evento negativo acontecer ("superestimação da probabilidade") e (2) exagerar as consequências desse evento negativo se ele ocorrer e subestimar a capacidade de enfrentá-lo ("catastrofização") (Barlow & Craske, 2000; Zinbarg, Craske, & Barlow, 2006). Além disso, diferentemente de outras terapias cognitivas, o foco do PU não está em eliminar pensamentos negativos ou substitui-los por interpretações mais adaptativas ou realistas, mas sim em aumentar a flexibilidade cognitiva como uma estratégia adaptativa de regulação emocional. Os pacientes são incentivados a usarem estratégias de reavaliação não apenas antes, mas também durante e após situações carregadas emocionalmente. Além disso, o PU enfatiza a interação dinâmica entre as cognições e sensações físicas e comportamentos como componente importante das experiências emocionais emergentes. Embora a reavaliação cognitiva possa, em teoria, ser usada como um procedimento de tratamento isolado, nossa experiência é que ela é particularmente relevante para auxiliar os pacientes a mudarem comportamentos e enfrentarem situações emocionalmente desafiadoras mais adiante no tratamento.

Uma terceira habilidade central no PU é identificar e modificar tendências de ação problemáticas ou comportamentos emocionais. A inclusão dessa estratégia é consistente com teorias e evidências da ciência das emoções que indicam que focar e modificar essas ações pode ser um meio eficaz de regulação emocional. Como Izard destacou em 1971, "o indivíduo aprende a agir de maneira a criar uma nova forma de sentir" (p. 410). A ideia de reduzir padrões de esquiva é introduzida logo no início do tratamento, durante a discussão inicial sobre a natureza das emoções, e depois é discutida com mais detalhes na segunda metade do programa.

Aumentar a conscientização e a tolerância às sensações físicas por meio de exposições interoceptivas representa uma quarta habilidade central no PU. Todos os pacientes, independentemente do diagnóstico, são convidados a realizar uma série de exercícios interoceptivos projetados para evocarem sensações físicas análogas às que costumam estar associadas às emoções que eles acham desconfortáveis. Inicialmente, demos ênfase às exposições interoceptivas aplicadas ao tratamento do transtorno de pânico (Barlow, 1988; Barlow & Cerny, 1988), em que as sensações físicas servem tanto como um gatilho direto quanto como um foco específico da ansiedade. No entanto, no PU, as exposições interoceptivas são aplicadas em todos os diagnósticos, independentemente de as sensações físicas representarem ou não um gatilho específico para a resposta emocional do paciente. Isso serve não apenas para aumentar a conscientização do paciente sobre as sensações físicas como um componente central das experiências emocionais, mas também para aumentar a tolerância a essas sensações, o que, por sua vez, reduz a contribuição delas para a aversão e a esquiva emocional. Por meio dos exercícios de exposição interoceptiva, os pacientes começam a reconhecer o papel das sensações físicas nas experiências emocionais, identificando maneiras pelas quais essas sensações somáticas podem influenciar pensamentos e comportamentos, além de como os pensamentos e comportamentos podem intensificá-las — tudo isso enquanto desafiam expectativas sobre sua capacidade de lidar com sintomas físicos intensos.

Esses conceitos centrais de tratamento são reunidos na fase final do PU por meio do engajamento em exercícios emocionais, um quinto componente central do PU. Esses exercícios enfatizam a evocação e a exposição às experiências emocionais tanto em contextos situacionais quanto internos. Consistentes com outras terapias cognitivo-comportamentais que utilizam exposição, os exercícios de exposição ocorrem de forma graduada, de maneira que os pacientes enfrentam situações menos difíceis (e menos emocionalmente provocativas) antes de passarem sistematicamente para situações que evocam emoções mais intensas. No entanto, é importante comunicar que não há razão necessária para realizar as exposições dessa maneira. Situações mais difíceis podem produzir emoções de maior intensidade, que podem ser mais difíceis para os pacientes tolerarem, mas isso não torna as emoções mais perigosas. Em todas as exposições, o foco está em confrontar completamente a situação, de modo que padrões de esquiva e outros comportamentos de segurança sejam identificados, e, em seguida, são feitos esforços para reduzir ou eliminar esses comportamentos durante os exercícios de exposição a fim de facilitar ao máximo o novo aprendizado e a criação de novas memórias. Dessa forma, a tendência de se envolver em comportamentos de esquiva ou de supressão emocional é substituída por tendências de abordagem mais adaptativas.

DESCRIÇÃO DOS MÓDULOS DE TRATAMENTO

Com base nas cinco habilidades centrais discutidas, o PU consiste em cinco módulos centrais de tratamento que visam a aspectos-chave do processamento emocional problemático, especificamente as reações aversivas às emoções que levam a estratégias de enfrentamento evitativas (ver *Box* 2.1): (1) atenção plena às emoções, (2) flexibilidade cognitiva, (3) enfrentamento de comportamentos emocionais, (4) reconhecimento e enfrentamento das sensações físicas e (5) exposições emocionais.

Com base nas abordagens tradicionais da TCC, esses módulos são ancorados no modelo de três componentes da emoção (pensamentos, sensações físicas e comportamentos), com ênfase no aumento da conscientização sobre a interação entre esses componentes, assim como na função das emoções e dos comportamentos no contexto da experiência do momento presente. Inserir as experiências emocionais em desenvolvimento no contexto da consciência do momento presente permite que o paciente identifique padrões de estratégias de regulação emocional que estão sendo empregadas e que são inconsistentes ou incompatíveis com as demandas situacionais ou motivacionais em curso. Assim, o PU se

***BOX* 2.1** Módulos do Protocolo Unificado

Módulo 1: Definição de metas e manutenção da motivação
Módulo 2: Compreensão das emoções
Módulo 3: Atenção plena às emoções
Módulo 4: Flexibilidade cognitiva
Módulo 5: Combatendo os comportamentos emocionais
Módulo 6: Reconhecimento e enfrentamento das sensações físicas
Módulo 7: Exposições emocionais
Módulo 8: Reconhecimento de conquistas e olhar para o futuro

Nota: Os módulos principais estão em negrito.

afasta do foco em sintomas específicos de transtornos e passa a focar nos mecanismos subjacentes que existem ao longo de todo o "espectro neurótico" (Barlow, 2002; Krueger, Watson, & Barlow, 2005; Brown & Barlow, 2009). Os cinco módulos centrais são precedidos por um módulo introdutório que inclui exercícios de tratamento para aumentar a motivação. Um módulo final consiste em revisar o progresso durante o tratamento e desenvolver estratégias de prevenção de recaída. À medida que o tratamento avança, pensamentos, sensações físicas e comportamentos são explorados em detalhes, focando especificamente na elucidação de estratégias disfuncionais de regulação emocional que o paciente desenvolveu ao longo do tempo em cada um desses domínios e no ensino de habilidades mais adaptativas de regulação emocional.

Os módulos se constroem uns sobre os outros e foram projetados para serem conduzidos sequencialmente. No entanto, foi inserida flexibilidade no PU, possibilitando que cada módulo seja concluído dentro de uma variedade de sessões, permitindo, assim, mais tempo para certos módulos, de acordo com as necessidades individuais de cada paciente. Por exemplo, pessoas com preocupação excessiva e incontrolável podem se beneficiar de um foco prolongado na atenção plena às emoções (Módulo 3), enquanto aquelas com comportamentos compulsivos repetitivos podem se beneficiar de uma prática prolongada e atenção aos comportamentos emocionais (Módulo 5). Além disso, é comum dedicar mais tempo ao Módulo 7 (Exposições Emocionais), conforme necessário, pois ele oferece a oportunidade de praticar todas as habilidades do tratamento simultaneamente.

A seguir, há uma descrição básica dos módulos de tratamento do PU. Recomendamos que cada paciente complete todos os módulos de tratamento, se possível, mesmo que o módulo não pareça, de início, diretamente relevante para o problema apresentado. Por exemplo, alguns pacientes não relatam sensibilidade significativa às sensações físicas e, assim, à primeira vista, as exposições interoceptivas podem não parecer indicadas. No entanto, nossa experiência mostra que muitos desses pacientes ainda relatam algum benefício ao se engajarem nesses procedimentos, o que lhes dá a oportunidade de reconhecerem as sensações físicas como um componente importante das experiências emocionais. Para cada módulo, fornecemos uma duração recomendada. Novamente, a flexibilidade no número de sessões dedicadas a cada módulo oferece ao terapeuta alguma liberdade em como enfatizar os procedimentos de tratamento para determinado paciente.

Módulo 1: Definição de metas e manutenção da motivação

- *Duração: 1 sessão*
- *Capítulo correspondente no Guia do Terapeuta: 6*

- *Capítulo correspondente no Manual do Paciente: 4*

Esse módulo foca em aumentar a prontidão e a motivação do paciente para a mudança comportamental, além de fomentar a autoeficácia do paciente, ou seja, sua crença na capacidade de alcançar mudanças com sucesso. Para aumentar a motivação, os pacientes têm a oportunidade de pesar os prós e contras de fazer mudanças durante o tratamento. Também são incentivados a articularem metas para o tratamento, com foco em torná-las mais concretas e identificar possíveis etapas para alcançar essas metas. Esse módulo foi incorporado ao PU com base em pesquisas realizadas por Westra e colegas, que ilustram a eficácia dessas técnicas como complemento no tratamento de transtornos de ansiedade (Westra & Dozois, 2006; Westra, Arkowitz, & Dozois, 2009; Westra, Constantino, & Antony, 2016) e é fortemente baseado nos princípios e técnicas utilizados na entrevista motivacional (Miller & Rollnick, 2002, 2012).

Módulo 2: Compreensão das emoções

- *Duração: 1–2 sessões*
- *Capítulo correspondente no Guia do Terapeuta: 7*
- *Capítulos correspondentes no Manual do Paciente: 5 e 6*

Esse módulo fornece aos pacientes psicoeducação sobre a natureza e a função das emoções e o conceito de respostas aprendidas. Além de discutir a função da ansiedade, esse módulo abrange muitas outras emoções, incluindo raiva, tristeza, culpa e medo, assim como emoções positivas. Os pacientes devem começar a entender que suas emoções têm um papel funcional e adaptativo ao fornecerem informações sobre o ambiente que orientam e motivam comportamentos. Durante esse módulo, os pacientes também desenvolvem maior consciência de seus próprios padrões de resposta emocional, incluindo possíveis fatores que mantêm tais experiências (p. ex., gatilhos comuns e/ou contingências ambientais), ao começarem a monitorar e acompanhar essas experiências.

Módulo 3: Atenção plena às emoções

- *Duração: 1–2 sessões*
- *Capítulo correspondente no Guia do Terapeuta: 8*
- *Capítulo correspondente no Manual do Paciente: 7*

O objetivo do Módulo 3 é que os pacientes aprendam e comecem a aplicar uma atenção presente e não julgadora às suas experiências emocionais. Especificamente, esse módulo cultiva uma atitude de observação curiosa e voluntária, facilitando a capacidade de "observar" a interação entre pensamentos, sentimentos e comportamentos durante uma experiência emocional. O ensino desses conceitos ocorre no contexto de três exercícios realizados durante a sessão. Primeiro, os pacientes são guiados em uma meditação que os estimula a aplicarem atenção consciente a cada componente de uma experiência emocional; em seguida, são incentivados a praticarem essa meditação como tarefa, para entenderem como se dá essa forma de atenção. Depois, devem identificar e ouvir uma música que desperte emoções para praticarem a aplicação dessa atenção presente e não julgadora no contexto de uma forte emoção. Por fim, aprendem uma aplicação "na vida real" desses exercícios formais de meditação, chamada de "ancoragem no presente". Aqui, os pacientes são incentivados a observarem os três componentes de uma resposta emocional e a se perguntarem se sua reação é relevante para as demandas do momento presente. Após esse módulo, a compreensão das emoções pelos pacientes deve ser suficiente para utilizar as estratégias abordadas nos módulos subsequentes.

Módulo 4: Flexibilidade cognitiva

- *Duração: 1–2 sessões*
- *Capítulo correspondente no Guia do Terapeuta: 9*
- *Capítulo correspondente no Manual do Paciente: 8*

O principal objetivo do Módulo 4 é incentivar o pensamento flexível usando princípios originados por Beck (1976) e modificados ao longo dos anos (p. ex., Barlow & Craske, 1988). Nessa sessão, os pacientes passam a entender como seus pensamentos influenciam suas reações emocionais. As interpretações automáticas ocorrem rapidamente no momento e em geral são negativas. Pensamentos automáticos nucleares são cognições mais generalizáveis que os pacientes têm sobre si mesmos, como "Eu sou uma decepção", e podem moldar muitas respostas emocionais. Os pensamentos automáticos fazem o paciente excluir outras perspectivas possivelmente mais adequadas sobre a situação. Eles são considerados "armadilhas do pensamento" se o paciente tiver dificuldade em ver a situação de outra forma. Duas armadilhas do pensamento comuns a todos os transtornos emocionais (e as únicas duas ensinadas no PU, refletindo nossa abordagem de longa data) são "tirar conclusões precipitadas", ou a tendência de assumir que um resultado negativo é muito provável de ocorrer, e "pensar no pior", ou acreditar que o resultado será desastroso ou que a pessoa não será capaz de lidar com ele. O paciente aprende a identificar esses vieses e é incentivado a ser mais flexível em seu pensamento, utilizando estratégias de reavaliação.

Módulo 5: Combatendo os comportamentos emocionais

- *Duração: 1–2 sessões*
- *Capítulo correspondente no Guia do Terapeuta: 10*
- *Capítulo correspondente no Manual do Paciente: 9*

Esse módulo foca no componente comportamental de uma experiência emocional. Nesta parte do tratamento, você ajudará os pacientes a identificarem padrões comportamentais que funcionam para evitar emoções negativas. Para gerar uma lista abrangente de comportamentos emocionais, os pacientes são incentivados a considerarem várias categorias comportamentais. Isso inclui comportamentos dirigidos pela emoção que servem para atenuar a experiência de emoções uma vez que elas estejam presentes (p. ex., fugir de uma área lotada quando se sente ansioso, machucar-se quando se sente sobrecarregado), esquiva manifesta (p. ex., evitar viagens de avião ou festas), esquiva comportamental sutil (p. ex., evitar contato visual, procrastinar), esquiva cognitiva (p. ex., distração, supressão de pensamentos) e sinais de segurança (p. ex., carregar um amuleto da sorte). Aqui, as consequências desses comportamentos (ou seja, redução do sofrimento em curto prazo, mas manutenção dele em longo prazo) são destacadas mais uma vez. Quando o paciente identificar seus padrões de comportamentos emocionais, o terapeuta encoraja o uso de ações alternativas em que as emoções (e as situações que as provocam) sejam enfrentadas, em vez de evitadas.

Módulo 6: Reconhecimento e enfrentamento das sensações físicas

- *Duração: 1 sessão*
- *Capítulo correspondente no Guia do Terapeuta: 11*
- *Capítulo correspondente no Manual do Paciente: 10*

Esse módulo foca no aumento da conscientização sobre o papel das sensações físicas nas experiências emocionais. Você conduzirá uma série de exercícios de exposição interoceptiva projetados para evocarem sensações físicas análogas àquelas comumente associadas à experiência de emoções intensas (p. ex., correr no lugar para aumentar a frequência cardíaca, girar em uma cadeira para induzir tontura). O objetivo desses exercícios é desenvolver maior tolerância a essas sensações, a fim de reduzir o impacto dos fortes sintomas físicos na aversão e esquiva emocional. Esse módulo também permite que o paciente comece a identificar como as sensações físicas influenciam pensamentos e comportamentos, assim como pensamentos e comportamentos podem influenciar sensações físicas.

Módulo 7: Exposições Emocionais

- *Duração: no mínimo duas sessões. Muitos terapeutas acham benéfico dedicar várias sessões para praticar as exposições emocionais, se possível. Essa intervenção proporciona uma oportunidade para consolidar o aprendizado dos módulos anteriores e é o ponto em que muitos pacientes veem o maior progresso.*
- *Capítulo correspondente no Guia do Terapeuta: 12*
- *Capítulo correspondente no Manual do Paciente: 11*

Esse módulo foca na exposição a gatilhos emocionais internos (incluindo sensações físicas) e externos, proporcionando aos pacientes oportunidades para aumentarem sua tolerância às emoções e permitindo que novos aprendizados contextuais ocorram. O foco das exposições está na experiência emocional que surge, e elas podem ocorrer na forma de exposições em sessão, imaginais ou *in vivo*. Você ajudará seu paciente a criar uma hierarquia de exposições emocionais que contenha uma variedade de situações, para que as exposições possam ocorrer de forma graduada durante o restante do tratamento.

Módulo 8: Reconhecimento de conquistas e olhar para o futuro

- *Duração: 1 sessão*
- *Capítulo correspondente no Guia do Terapeuta: 14*
- *Capítulo correspondente no Manual do Paciente: 13*

O tratamento no protocolo é concluído com uma revisão geral dos conceitos do tratamento e uma discussão sobre o progresso do paciente. Nesse módulo, você ajudará o paciente a identificar maneiras de manter os ganhos do tratamento e antecipar dificuldades futuras, encorajando-o a usar as técnicas do tratamento para fazer mais progressos no alcance de metas de curto e longo prazos.

ESBOÇO DOS PROCEDIMENTOS DE TRATAMENTO

Todos os módulos de tratamento podem ser concluídos em apenas nove sessões, mas em geral um ou mais dos módulos exigirão mais de uma sessão, estendendo a duração total do tratamento para entre 12 e 16 sessões. As sessões têm aproximadamente 50 a 60 minutos de duração e em geral são realizadas a cada semana. No entanto, no final do tratamento, após iniciar o Módulo 7, você pode optar por realizar as sessões a cada duas semanas, para permitir que os pacientes tenham mais tempo para experimentar e praticar a superação de problemas residuais.

O Quadro 2.1 fornece um exemplo de como você pode trabalhar com os capítulos do Manual do Paciente. Mais uma vez, o número de sessões para cada um dos principais módulos do PU e, portanto, o número total de sessões de tratamento, vão variar de pessoa para pessoa, a seu critério. Por exemplo, um paciente que se preocupa constantemente e tem dificuldade em "permanecer no momento" pode levar mais tempo desenvolvendo habilidades de conscientização, enquanto um paciente que sofre principalmente de pensamentos obsessivos e comportamentos compulsivos pode se beneficiar de passar mais tempo nos módulos finais do tratamento, já que estes são mais diretamente focados em enfrentar a evitação de situações temidas e modificar tendências de ação mal-adaptativas.

QUADRO 2.1 Exemplo de esboço do programa

Semana(s) do tratamento e módulo	Capítulo(s) do Manual do Paciente	Capítulo(s) do Guia do Terapeuta
Semana 1 Introdução	Capítulo 1: O que são transtornos emocionais? Capítulo 2: Sobre o tratamento Capítulo 3: Aprendendo a registrar suas experiências	Capítulo 5: Avaliação funcional e introdução ao tratamento
Semana 2 Módulo 1	Capítulo 4: Definição de metas e manutenção da motivação	Capítulo 6: Definição de metas e manutenção da motivação
Semanas 3 e 4 Módulo 2	Capítulo 5: Compreensão das emoções — o que é emoção? Capítulo 6: Compreensão das emoções — seguindo o ARC	Capítulo 7: Compreensão das emoções
Semanas 5 e 6 Módulo 3	Capítulo 7: Atenção plena às emoções	Capítulo 8: Atenção plena às emoções
Semanas 7 e 8 Módulo 4	Capítulo 8: Flexibilidade cognitiva	Capítulo 9: Flexibilidade cognitiva
Semanas 9 e 10 Módulo 5	Capítulo 9: Combatendo os comportamentos emocionais	Capítulo 10: Combatendo os comportamentos emocionais

(Continua)

QUADRO 2.1 Exemplo de esboço do programa *(Continuação)*

Semana(s) do tratamento e módulo	Capítulo(s) do Manual do Paciente	Capítulo(s) do Guia do Terapeuta
Semana 11 Módulo 6	Capítulo 10: Reconhecimento e enfrentamento das sensações físicas	Capítulo 11: Reconhecimento e enfrentamento das sensações físicas
Semanas 12 a 15 Módulo 7	Capítulo 11: Colocando em prática — exposições emocionais Capítulo 12: O papel dos medicamentos no tratamento de transtornos emocionais	Capítulo 12: Exposições emocionais Capítulo 13: Medicamentos para ansiedade, depressão e transtornos emocionais relacionados
Semana 16 Módulo 8	Capítulo 13: Progredindo no protocolo unificado — reconhecimento de conquistas e olhar para o futuro	Capítulo 14: Reconhecimento de conquistas e olhar para o futuro

3

Informações adicionais para os terapeutas

AVALIAÇÃO E MONITORAMENTO

Você pode querer avaliar os pacientes quanto à presença de transtornos emocionais usando a Anxiety and Related Disorders Interview Schedule for DSM-5 (ADIS-5; Brown & Barlow, 2014), que foi desenvolvida para esse propósito. Essa entrevista clínica semiestruturada e diagnóstica foca nos diagnósticos do DSM-5 dos transtornos de ansiedade e nos estados de humor que os acompanham, transtornos somáticos e uso de substâncias e álcool. As informações derivadas da entrevista permitem que os clínicos determinem diagnósticos diferenciais e obtenham uma compreensão clara da natureza e gravidade de cada diagnóstico. A ADIS-5 está disponível na Oxford University Press. Claro, uma avaliação médica também é recomendada para descartar condições médicas que possam explicar ou exacerbar a sintomatologia apresentada.

Vários inventários padronizados de autorrelato adicionais podem fornecer informações úteis para a formulação de casos e o planejamento do tratamento, bem como para avaliar mudanças terapêuticas. Isso pode incluir medidas específicas dos transtornos, como a versão de autorrelato da Yale-Brown Obsessive Compulsive Scale (Goodman et al., 1989) para o transtorno obsessivo-compulsivo, a versão de autorrelato da Panic Disorder Severity Scale (adaptada de Shear et al., 1997) para o transtorno de pânico com e sem agorafobia, o Penn State Worry Questionnaire (Meyer, Miller, Metzger, & Borkovec, 1990) para o transtorno de ansiedade generalizada, e a Social Interaction Anxiety Scale (Mattick & Clarke, 1998) para o transtorno de ansiedade social. Claro, existem muitas outras boas medidas disponíveis que poderiam ser utilizadas no lugar destas.

Para medidas que abrangem os transtornos emocionais, temos utilizado o Beck Depression Inventory-II (Beck, Steer, & Brown, 1996) e o Beck Anxiety Inventory (Beck, Epstein, Brown, & Steer, 1988; Beck & Steer, 1990; Steer, Ranieri, Beck, & Clark, 1993) como medidas gerais de sintomas depressivos e ansiosos, respectivamente. Outra opção mais breve é a versão de 21 itens da Depression Anxiety Stress Scales (Lovibond & Lovibond, 1995), que avalia sintomas de depressão, ansiedade e pânico. Além disso, recomendamos o uso de dois instrumentos não específicos para diagnósticos de ansiedade e depressão fornecidos no Manual do Paciente. Essas ferramentas, a Escala Global de Gravidade e Comprometimento da Ansiedade (OASIS; Norman, Cissell, Means-Christensen, & Stein, 2006; referida como Escala de Ansiedade no Manual do Paciente e no restante deste guia) e a Escala Global de Gravidade e Comprometimento da Depressão (Bentley, Gallagher, Carl, & Barlow, 2014; referida como Escala de Depressão no Manual do Paciente e no restante deste guia), uma medida que adaptamos da OASIS para avaliar sintomas de depressão, foram desenvolvidas como medidas contínuas da gravidade e do comprometimento relacionados a sintomas de ansiedade e depressão que poderiam ser usadas em vários transtornos e em pacientes com múltiplos transtornos.

Você também pode achar valioso examinar o comprometimento funcional e a qualidade de vida. Vários instrumentos confiáveis e bem validados existem especificamente para esse propósito, incluindo a Work and Social Adjustment Scale (modificação da escala introduzida por Hafner & Marks, 1976), a RAND 36-item Short-Form Health Survey (Hays, Sherbourne, & Mazel, 1993) e o Quality of Life Inventory (Frisch et al., 1992).

MEDICAÇÃO

Muitos pacientes que buscam tratamento para dificuldades emocionais já fazem uso de medicamentos psicotrópicos. Em nossa experiência, os pacientes que chegam à nossa clínica geralmente tomam baixas doses de benzodiazepínicos de alta potência (como alprazolam ou clonazepam) ou antidepressivos (como os inibidores seletivos de recaptação de serotonina [ISRSs] paroxetina e fluoxetina), inibidores seletivos de recaptação de serotonina e norepinefrina (ISRSNs) (como venlafaxina) e, em menor grau, antidepressivos tricíclicos. Questões relacionadas à combinação de medicamentos com terapia cognitivo-comportamental (TCC) não são totalmente compreendidas, e as formas mais eficazes de combinar medicamentos e TCC ainda não foram empiricamente testadas. Portanto, não recomendamos que os pacientes interrompam a medicação antes de iniciarem o tratamento com o PU. Em vez disso, sugerimos que continuem com uma dose estável de seus medicamentos atuais durante o programa.

A menos que seja clinicamente necessário, desencorajamos os pacientes a aumentarem as dosagens e a iniciarem novos medicamentos durante o curso do tratamento com o PU. Quando os pacientes iniciam novos regimes de medicação durante o tratamento, pode ser difícil determinar se as mudanças (sejam elas positivas ou negativas) devem ser atribuídas ao medicamento (ou aos seus efeitos colaterais), ao tratamento ou a uma combinação dos dois. Isso pode se tornar confuso para o terapeuta e frustrante para o paciente, o que, em última análise, pode levar a um desfecho de tratamento menos eficaz. Além disso, certos medicamentos, como os benzodiazepínicos, podem ter vários efeitos negativos quando tomados regularmente. Eles podem reduzir a motivação para praticar as habilidades aprendidas no tratamento e podem atenuar a intensidade das emoções, dificultando que os pacientes colham todos os benefícios das exposições no final do programa. Se usados para tentar reduzir a intensidade emocional (como no auge de um ataque de pânico), os medicamentos também podem servir para reforçar respostas emocionais desadaptativas (ou seja, evitação ou fuga de emoções indesejadas) por meio de reforço negativo (ou seja, redução do desconforto em curto prazo). Para alguns pacientes, os medicamentos podem se tornar sinais de segurança capazes de interferir na capacidade de corrigir avaliações equivocadas de perigo. Além disso, em consonância com o conceito de aprendizado dependente do estado, as habilidades aprendidas sob a influência do medicamento podem não se generalizar para momentos em que o medicamento não está presente. A maioria desses problemas está associada a benzodiazepínicos de alta potência e não parece ocorrer com os medicamentos antidepressivos. Finalmente, os pacientes podem atribuir as mudanças no tratamento ao medicamento, dificultando, assim, que desenvolvam uma sensação de eficácia ao confrontarem as situações temidas. Por sua vez, isso pode limitar sua capacidade de reduzir ou descontinuar os medicamentos após o término do tratamento.

QUEM SE BENEFICIARÁ DO PROGRAMA DO PROTOCOLO UNIFICADO?

Conforme mencionado, o PU foi desenvolvido para ajudar as pessoas que sofrem com toda a gama de transtornos emocionais. Os transtornos emocionais mais comuns são os de ansiedade e a depressão unipolar. Os ensaios clínicos randomizados do PU focaram principalmente no tratamento de pacientes que sofrem de diagnósticos do DSM-IV e DSM-5 de transtorno de pânico com e sem agorafobia, transtorno obsessivo-compulsivo, transtorno de ansiedade generalizada e fobia social; no entanto, o PU também foi usado com sucesso em ensaios abertos para tratar transtorno de estresse pós-traumático, agorafobia sem histórico de transtorno de pânico, fobia específica, hipocondria, transtorno bipolar, transtorno da personalidade *borderline* e transtorno depressivo maior. Além disso, como foi mencionado no Capítulo 1, uma versão inicial do PU (desenvolvida logo após a concepção inicial do protocolo em 2004) mostrou facilitar a abstinência do consumo de álcool em indivíduos com transtornos por uso de álcool e de ansiedade comórbidos, em comparação ao tratamento-controle (Ciraulo et al., 2013). Espera-se também que o PU seja útil no tratamento de sintomas clínicos de ansiedade e depressão em pacientes que podem não atender aos critérios clínicos completos para um transtorno de ansiedade ou depressivo e que, portanto, seriam categorizados como tendo um transtorno de ansiedade (ou depressivo) especificado ou não especificado (anteriormente chamado de sem outra especificação, ou SOE), bem como em indivíduos que estão abaixo do limiar nos critérios de gravidade, mas em risco de desenvolver um transtorno completo.

E SE OUTROS PROBLEMAS EMOCIONAIS ESTIVEREM PRESENTES?

Atualmente, as evidências sugerem uma considerável sobreposição entre os diversos transtornos de ansiedade e do humor. Em nível diagnóstico, isso é mais evidente nas altas taxas de comorbidade atual e ao longo da vida (p. ex., Brown, Campbell, Lehman, Grisham, & Mancill, 2001; Kessler et al., 1996, 1998). Portanto, não é nada incomum que pessoas com um transtorno de ansiedade ou do humor apresentem características de outros transtornos. A presença de problemas adicionais, no entanto, não impede o tratamento com o PU. Na verdade, ao contrário dos protocolos para transtornos únicos, o PU foi desenvolvido em grande parte para abordar a realidade clínica da comorbidade e pode ser utilizado para tratar transtornos comórbidos simultaneamente. Essa posição é consistente com nossos achados de pesquisa, que apoiam a eficácia do PU em abordar simultaneamente problemas adicionais no tratamento (Barlow et al., 2017; Ellard et al., 2010; Farchione et al., 2012).

QUEM DEVE ADMINISTRAR O PROGRAMA?

Os conceitos e técnicas de tratamento são apresentados com detalhes suficientes no Manual do Paciente, de modo que a maioria dos profissionais da saúde mental deve ser capaz de orientar sua implementação com seus pacientes. No entanto, temos algumas recomendações como requisitos mínimos. Acreditamos que é importante que os terapeutas estejam familiarizados com os princípios básicos das intervenções cognitivo-comportamentais. Além disso, devem ter um bom entendimento dos princípios subjacentes aos procedimentos de tratamento específicos apresentados no Manual do Paciente. Esse conhecimento colocará os terapeutas na melhor posição para adaptarem o material às necessidades de cada paciente e superarem dificuldades no tratamento, caso elas surjam. Também recomendamos que os terapeutas se familiarizem com a natureza dos transtornos emocionais; algumas informações básicas são apresentadas no Capítulo 1 deste guia, juntamente com uma recomendação de leituras adicionais. Por fim, o Unified Protocol Institute oferece treinamentos aprofundados sobre a aplicação do PU, incluindo programas de certificação. Consulte www.unifiedprotocol.com (em inglês) para mais informações.

BENEFÍCIOS DO USO DO MANUAL DO PACIENTE

A primeira "revolução" no desenvolvimento de tratamentos psicológicos eficazes tem sido a "manualização" dos tratamentos nos últimos 15 a 20 anos. Esses programas estruturados foram escritos com detalhes suficientes para fornecerem instruções adequadas aos terapeutas a fim de que os administrem da forma que se mostraram comprovadamente eficazes. O mesmo vale para o PU, embora este protocolo foque mais na administração de procedimentos terapêuticos potentes e empiricamente comprovados, em vez de fornecer instruções específicas sobre o tratamento de sintomas relacionados a um diagnóstico ou transtorno particular. Isso não implica que as habilidades terapêuticas não sejam mais necessárias para alcançar resultados ótimos. Na verdade, essas habilidades são inestimáveis à medida que o paciente progride no programa.

A segunda fase dessa "revolução" é a criação de uma versão do programa estruturado que seja apropriada para distribuição direta aos pacientes que estão trabalhando sob supervisão terapêutica (ou seja, um manual para o paciente). O Manual do Paciente se esforça para ser um bom exemplo de um guia cientificamente sólido, escrito no nível do paciente, o que pode ser um complemento valioso para programas administrados por profissionais de várias disciplinas. Existem várias vantagens nisso, conforme descrito nas seções que seguem.

Progresso no próprio ritmo

A disponibilidade do Manual do Paciente do PU permite que os pacientes progridam em seu próprio ritmo. Alguns podem desejar avançar mais rapidamente pelo programa, agendando sessões mais frequentes, enquanto outros podem optar por seguir mais lentamente, devido a demandas conflitantes, como horários de trabalho e viagens. Ter o manual disponível entre sessões agendadas de forma irregular para revisão ou releitura pelo paciente pode ser bastante benéfico, embora percebamos que a maioria dos pacientes obtém o máximo benefício quando as sessões são realizadas com alguma regularidade.

Referência rápida

Embora os pacientes pareçam ter uma boa compreensão do material durante a sessão, é comum que esqueçam os pontos importantes ou fiquem confusos após saírem. Um dos maiores benefícios do Manual do Paciente é que ele oferece uma oportunidade para revisar conceitos do tratamento, bem como explicações e instruções entre as sessões. Além disso, ele fornece uma referência imediata aos pacientes quando estão vivenciando emoções intensas. Isso pode ser importante para o processo de aprendizagem, pois voltar às informações e utilizar as habilidades "no momento" pode facilitar uma maior compreensão dos conceitos do tratamento e uma melhor apreciação de como esses procedimentos podem ser aplicados de forma eficaz.

Disponibilidade para os membros da família e os amigos

Pesquisas realizadas em nosso centro mostraram que há um benefício significativo em ter membros da família, especialmente cônjuges ou outros parceiros, cientes e (às vezes sob orientação terapêutica) envolvidos no tratamento (consultar Barlow, O'Brien, & Last, 1984; Cerny, Barlow, Craske, & Himadi, 1987). Por exemplo, em um estudo de pacientes com transtorno de pânico com agorafobia, aqueles cujos parceiros foram incluídos no tratamento tiveram um desempenho melhor em um acompanhamento de dois anos do que aqueles cujos parceiros não foram incluídos. De forma semelhante, pesquisas de Chambless e Steketee (1999) mostraram que níveis maiores de hostilidade expressa em relação ao paciente por parentes antes do início da terapia previam uma pior resposta terapêutica. Por outro lado, a crítica não hostil, ou a crítica de comportamentos específicos sem desvalorização, previu uma resposta terapêutica melhor. Um estudo mais recente de Zinbarg, Lee e Yoon (2007) produziu resultados idênticos.

A participação da família parece ser benéfica de várias maneiras. Primeiro, quando os membros da família se tornam mais familiarizados com a natureza do transtorno e a lógica subjacente ao tratamento, eles podem ser úteis para superar os comportamentos de evitação. Em segundo lugar, ter esse entendimento também pode ajudar os membros da família a pararem de realizar comportamentos que podem ser prejudiciais ao tratamento, como acomodar, sem perceber, os padrões de evitação do paciente. Em terceiro lugar, fornecer informações aos membros da família pode ajudar a corrigir equívocos sobre transtornos emocionais e, ao fazer isso, reduzir a hostilidade e promover maior empatia, compreensão e compaixão. Claro, alguns pacientes preferem que seu cônjuge ou membros da família estejam relativamente desinformados sobre seu problema e não envolvidos no programa de tratamento. Nesses casos, você pode querer conversar com o paciente para identificar quaisquer preocupações que ele possa ter sobre compartilhar o problema com seus entes queridos e discutir as possíveis vantagens (e desvantagens) de se abrir para eles. Embora em geral tenhamos achado benéfico envolver membros da família e amigos, seja inicialmente ou ao longo de todo o tratamento, pode haver momentos em que seria inadequado fazê-lo (p. ex., discórdia conjugal grave). Nesses casos, não incentivamos o envolvimento da pessoa próxima.

Como referenciar o manual após o fim do programa

O manual ajudará os pacientes a lidarem de forma eficaz com as dificuldades emocionais após o término do tratamento. Como a maioria dos pacientes voltará a experimentar os sintomas em algum momento após o tratamento, geralmente em períodos de maior estresse, podem achar útil consultar novamente o manual para obter informações sobre como gerenciar os sintomas e, com sorte, evitar que eles escalem para uma recaída completa. O Capítulo 13 do Manual do Paciente delineia especificamente maneiras para os pacientes manterem o progresso e prevenirem recaídas. Para muitos, o manual também pode auxiliá-los a obterem mais ganhos após o término do tratamento. À medida que enfrentam novos desafios e continuam a trabalhar para atingir os objetivos de tratamento, eles podem muito bem encontrar um significado contínuo no material do manual e, em última análise, desenvolver uma compreensão maior dos conceitos do tratamento.

Tarefas de leitura

Alguns terapeutas preferem que os pacientes leiam o(s) capítulo(s) do manual antes da sessão, para que possam elaborar sobre questões e tarefas, bem como responder a perguntas. Outros preferem que os pacientes leiam cada capítulo após a sessão, a fim de revisar e consolidar os pontos abordados durante a sessão. Em geral, seguimos a segunda estratégia e passamos o(s) capítulo(s) relevante(s) do manual após cada sessão.

Manual completo *versus* partes

Alguns terapeutas preferem distribuir os capítulos do Manual do Paciente em partes, em vez de fornecerem o manual completo no início do tratamento. Isso evita que os pacientes avancem antes do tempo e incentiva uma abordagem mais organizada para aprender os procedimentos do tratamento. No entanto, uma possível desvantagem de pedir aos pacientes para montarem o manual ao longo do tempo é que os capítulos individuais têm mais chances de serem perdidos. Se isso ocorrer, os pacientes podem acabar com manuais incompletos ao final do tratamento, dificultando seu uso como referência durante as partes finais ou após o término. Além disso, alguns pacientes acham útil ler adiante para obterem uma compreensão maior de como os conceitos anteriores podem se relacionar com procedimentos posteriores e para terem uma visão geral mais ampla do programa de tratamento. Em geral, quanto mais tempo os pacientes passarem examinando o manual e pensando sobre os conceitos do tratamento, mais profundo será o entendimento dos procedimentos e maior será o benefício. Durante a sessão, se os pacientes mencionarem material que leram em capítulos futuros, você pode simplesmente redirecionar a atenção para o material atual e as tarefas imediatas. No entanto, não desencorajamos os terapeutas de distribuírem os manuais em partes, se assim preferirem.

4

Visão geral do formato de tratamento e dos procedimentos

ESTRUTURA DAS SESSÕES

Consistentes com a maioria dos protocolos de tratamento cognitivo-comportamentais, as sessões geralmente começam com uma revisão das tarefas designadas na sessão anterior. Isso oferece a você a oportunidade de recapitular brevemente o conteúdo da sessão anterior e vinculá-lo ao que o paciente vivenciou durante a semana desde o último encontro. Você também deve usar a revisão das tarefas para avaliar o progresso do paciente e para informar o material a ser abordado na sessão. Após a revisão das tarefas, você apresentará os conceitos-chave e conduzirá exercícios práticos durante a sessão para ajudar o paciente a entender as habilidades do tratamento. Essa instrução didática e o desenvolvimento interativo de habilidades constituem o trabalho principal da sessão. No final de cada sessão de tratamento, você ajudará o paciente a consolidar o que ele aprendeu. Peça aos pacientes que resumam os principais pontos ou mensagens que levarão da sessão e pergunte se eles tiveram alguma reação negativa a qualquer aspecto da sessão. Finalmente, você negociará as tarefas específicas a serem concluídas antes da próxima sessão.

O PAPEL DO TERAPEUTA

Idealmente, seu papel deve ser de colaborador, em vez de "autoridade". Com frequência, refletimos para os pacientes que somos especialistas em terapia cognitivo-comportamental (TCC) e que eles são especialistas em sua própria experiência. O tratamento é uma questão de combinar a *expertise* de ambas as partes.

Tanto você quanto o paciente devem trabalhar juntos ao longo do processo para elaborarem o plano de tratamento mais eficaz possível. Mudar padrões de comportamento é difícil, e os pacientes precisarão dar *feedback* sobre o que é útil e o que não é, para que o plano mais eficaz possível seja desenvolvido e implementado. Provavelmente, nem é preciso dizer isso, mas é importante obter uma compreensão aprofundada das questões que o paciente traz à terapia e trabalhar para estabelecer um bom relacionamento; ambos são partes cruciais para proporcionar uma base sólida a partir da qual introduzir os conceitos do tratamento e realizar com sucesso alguns dos exercícios mais desafiadores nas sessões futuras.

TAREFAS E PRÁTICA FORA DA SESSÃO

Tarefas e atribuições de prática serão designadas semanalmente para reforçar os conceitos aprendidos durante a sessão e para praticar novas habilidades. Pesquisas mostram que a realização das tarefas facilita a prática das habilidades aprendidas e é necessária para maximizar os benefícios do tratamento. Portanto, é importante transmitir aos pacientes o seguinte:

1. Participar das sessões e ouvir os conceitos cria o cenário para a mudança.
2. A aplicação e a prática dos conceitos na "vida real" são o que levará a mudanças perceptíveis e duradouras.
3. Toda semana, os pacientes receberão papéis do Manual do Paciente para registrar as tarefas, e estes devem ser levados para a sessão seguinte a fim de facilitar a discussão sobre problemas, retrocessos ou obstáculos.
4. Monitorar o progresso, registrando as mudanças na ansiedade e na depressão (e outras emoções) no **Registro de Progresso** do Manual do Paciente ajudará os pacientes a acompanharem sua evolução ao longo do tratamento. Os registros de monitoramento podem servir tanto como poderoso motivador quanto como uma fonte importante de discussão durante as sessões, como ao normalizar a sensação do paciente de que ele "retrocedeu", lembrando-lhe que a melhora não ocorre de forma linear.

Ao final de cada sessão, recomendamos aos pacientes que leiam os capítulos do Manual do Paciente pertinentes ao material que acabou de ser discutido na sessão, a fim de reforçar os conceitos. Além disso, à medida que você avança nos módulos de tratamento, os pacientes podem continuar com as tarefas de módulos anteriores, caso seja necessário um treino adicional. Por exemplo, uma vez que o paciente for introduzido ao conceito de atenção plena às emoções no Módulo 3, ele pode continuar a praticar essas habilidades durante o restante do tratamento, se clinicamente indicado.

REVISÃO DAS TAREFAS

A partir da segunda sessão (ou após a primeira designação de tarefas de monitoramento), é uma boa prática iniciar cada sessão com uma revisão das tarefas do paciente. Começar cada sessão dessa maneira serve a três funções importantes:

1. Iniciar rotineiramente a sessão com a revisão das tarefas reforça o papel fundamental que elas desempenham no sucesso final do programa. Se o paciente estiver com dificuldade de cumprir as tarefas, aborde a questão imediatamente, ajudando-o a identificar obstáculos para o cumprimento e a elaborar um plano que possa seguir.
2. Revisar as tarefas permite que você corrija quaisquer equívocos ou mal-entendidos sobre os conceitos da sessão anterior, além de oferecer uma oportunidade para o paciente fazer perguntas ou expressar preocupações.
3. A revisão das tarefas fornece uma rica fonte de informações sobre as experiências contínuas do paciente, que podem ser usadas ao ilustrar conceitos subsequentes.

COMPROMISSO DO PACIENTE

Para que o tratamento seja eficaz, espera-se que os pacientes se comprometam e reservem tempo para as sessões semanais. Incentive-os a fazerem das sessões de tratamento e das tarefas uma prioridade. Lembre-os de que o tratamento dura um período relativamente curto, e fazer disso uma prioridade permitirá que eles aproveitem ao máximo os benefícios do programa, dando-lhes a oportunidade de atingir com sucesso suas metas de tratamento.

COMO LIDAR COM A AMBIVALÊNCIA E A RESISTÊNCIA DO PACIENTE

Maximizar a motivação e o engajamento do paciente ao longo do tratamento é essencial para promover mudanças significativas e duradouras. O cumprimento das tarefas e o envolvimento no tratamento estão consistentemente associados à sua resposta e aos seus resultados. No entanto, uma das dificuldades mais comuns ao trabalhar com pacientes é a ambivalência em relação ao engajamento com os procedimentos do tratamento, incluindo o cumprimento das tarefas. Isso pode ser desafiador. Quando os pacientes não cumprem prontamente as etapas do tratamento, os terapeutas podem supor que o paciente não tem motivação para mudar. No entanto, é importante reconhecer que, no tratamento, estamos pedindo aos pacientes que se envolvam em tarefas com as quais já tiveram dificuldade no passado e que confrontem sensações físicas e outras situações que provavelmente vão gerar emoções intensas e desconfortáveis. O Módulo 1 foi especificamente projetado para ajudar os pacientes a resolverem a ambivalência em relação à mudança e, por fim, aumentar a motivação para engajar-se no tratamento. Ele inclui dois exercícios, adaptados de Miller e Rollnick (2002), para aumentar a motivação no início do tratamento (veja o Capítulo 6).

LEITURA ADICIONAL SOBRE MELHORA DA MOTIVAÇÃO

Arkowitz, H., Westra, H. A., Miller, W. R., & Rollnick, S. (2017). *Motivational interviewing in the treatment of psychological problems, second edition*. New York: Guilford Press.

Miller, W. R., & Rollnick, S. (2012). *Motivational interviewing: Helping people change*. Guilford Press.

Rosengren, D. B. (2009). *Building motivational interviewing skills: A practitioner workbook*. New York: Guilford Press.

PARTE II

Aplicação do tratamento

5

Sessão 1: Avaliação funcional e introdução ao tratamento

(Corresponde aos Capítulos 1-3 do Manual do Paciente)

VISÃO GERAL

Esta sessão inicial do tratamento é projetada para revisar os problemas apresentados pelo paciente e os diagnósticos, se atribuídos, dentro do contexto do quadro de transtornos emocionais. Essa é uma oportunidade para começar a identificar como a experiência do paciente se encaixa em um modelo transdiagnóstico que enfatiza emoções fortes frequentes e respostas aversivas e evitativas a essas emoções. Esta sessão também fornece aos pacientes uma introdução ao protocolo de tratamento.

OBJETIVOS DO MÓDULO

- Obter uma melhor compreensão das dificuldades do paciente, conceitualizadas dentro de um quadro transdiagnóstico, incluindo:
  - experiências de emoções desconfortáveis;
  - reações aversivas/crenças negativas sobre experiências emocionais;
  - esforços para evitar ou escapar de emoções desconfortáveis.
- Introduzir os pacientes ao programa de tratamento e aos procedimentos, incluindo a natureza e a importância da avaliação contínua e da realização das tarefas.

MATERIAIS NECESSÁRIOS

- **Folha de Conceitualização de Caso do Protocolo Unificado**, localizada no final deste capítulo.
- **Escala de Ansiedade, Escala de Depressão, Escala de Outras Emoções, Escala de Emoções Positivas** e **Registro de Progresso**, localizados no Capítulo 3 do Manual do Paciente.

REVISÃO DAS QUEIXAS APRESENTADAS PELO PACIENTE

O tratamento com o PU começa com uma breve revisão das preocupações ou diagnósticos apresentados pelo paciente. Em muitos casos, estes já foram identificados ou estabelecidos durante um processo de triagem; caso contrário, a avaliação funcional realizada nesta sessão introdutória pode servir para coletar detalhes que, de outra forma, seriam reunidos durante os procedimentos de triagem. Nesta sessão, você conduzirá uma avaliação funcional inicial da natureza dos sintomas apresentados, dentro do quadro transdiagnóstico no qual o PU foi desenvolvido. Embora esse seja, em geral, um processo contínuo que se desenrola ao longo das sessões iniciais de tratamento, ele começa pedindo ao paciente que forneça uma descrição de suas preocupações. Essa descrição também pode ser útil para fornecer uma justificativa ao uso do PU, e você pode querer referir-se a exemplos específicos ao discutir os componentes principais do tratamento.

APRESENTAÇÃO DA JUSTIFICATIVA DO TRATAMENTO DURANTE A AVALIAÇÃO FUNCIONAL

Nossa experiência tem mostrado que apresentar a justificativa para o uso do PU é uma oportunidade natural para construir uma conceitualização funcional das dificuldades do paciente. Por essa razão, recomendamos descrever as características de um transtorno emocional e, ao longo desse diálogo, avaliar até que ponto essas características estão presentes nas experiências emocionais do seu paciente. A seguir, é apresentada uma descrição das partes essenciais de uma discussão desse tipo. Recomendamos preencher a **Folha de Conceitualização de Caso do Protocolo Unificado**, encontrada no final deste capítulo, durante ou após essa discussão, para ajudar na construção de uma formulação inicial do caso.

Descrição da justificativa para o Protocolo Unificado

Começamos fornecendo uma justificativa básica para o PU. Nas sugestões a seguir sobre a linguagem a ser usada com os pacientes, incentivamos você a utilizar os problemas identificados pelo paciente para ilustrar os pontos que estão sendo abordados.

> *Antes de o tratamento (PU) ser desenvolvido, clínicos e pesquisadores notaram que, na maioria das vezes, as pessoas procuravam ajuda para várias áreas de dificuldade. Por exemplo, alguém que relatava dificuldades com ansiedade também poderia estar lutando contra a depressão. Também notamos que não era incomum que pacientes tratados para um transtorno retornassem mais tarde para obter ajuda com outro problema. No entanto, alguns pacientes que vinham sendo tratados para um problema também relatavam melhoras em relação a outras dificuldades! Os pesquisadores queriam entender por que essas diferentes dificuldades de saúde mental comumente ocorriam juntas e por que abordar uma área de dificuldade às vezes ajudava em outras áreas. Eles coletaram muitos dados sobre sintomas de diferentes problemas psicológicos e descobriram que esses transtornos, em sua essência, eram muito semelhantes — todos compartilhavam várias características comuns. Referimo-nos a esse grupo semelhante de desordens como transtornos emocionais.*

Emoções frequentes, intensamente sentidas e indesejadas

Em seguida, destaque a primeira característica comum dos transtornos emocionais, dizendo algo como o seguinte:

> *Então, o que é um transtorno emocional, afinal? Vou responder a isso descrevendo as principais características desses transtornos, e você pode me dizer se sente que elas se aplicam a você. Primeiro, as pessoas em risco de transtornos emocionais experimentam emoções de forma mais forte, intensa e frequente do que a pessoa média. Essa característica existe em um* continuum *— algumas pessoas estão em um nível baixo, outras em um nível mais alto. Algumas pessoas em um extremo do* continuum *parecem não se abalar com nada — tudo simplesmente passa por elas. E então, há pessoas no outro extremo do* continuum*, que são mais afetadas pelas coisas, são mais emocionais ou demoram mais para se acalmar. Onde você se colocaria nesse* continuum*?*

Nessa discussão, a maioria dos pacientes se identificará como o tipo de pessoa que tende a ter experiências emocionais mais frequentes e intensas. Você pode então demonstrar que isso não é surpreendente (p. ex., "Isso faz muito sentido — a maioria das pessoas que querem trabalhar a ansiedade ou depressão diria a mesma coisa") e talvez apontar como isso não é necessariamente um problema (p. ex., "E isso não é necessariamente uma coisa ruim! Muitas pessoas valorizam estar em contato com suas emoções, e eu, como um bom terapeuta, também considero importante. Mas, ao mesmo tempo, pode ser difícil sentir que suas emoções estão controlando sua vida").

Se o paciente não se considera o tipo de pessoa que tem emoções frequentes e intensas, isso também não impede a discussão. É possível que ele seja tão bom em evitar situações causadoras de emoções indesejadas que ele não experimente emoções fortes com tanta frequência. Ou pode ser que suas emoções problemáticas não sejam extremamente frequentes (p. ex., apenas em resposta a eventos de baixa frequência como viagens aéreas). De qualquer forma, são as outras características principais dos transtornos emocionais — aversão e evitação de emoções fortes — que são essenciais para a manutenção desses transtornos.

Nesse ponto, você provavelmente começará a construir uma conceitualização de caso idiográfica, identificando as emoções específicas que estão surgindo para o seu paciente. Esforce-se para não apenas avaliar as emoções consistentes com os transtornos apresentados (p. ex., ansiedade em alguém que apresenta um transtorno de ansiedade), mas todo o espectro de experiências emocionais negativas: ansiedade, tristeza, raiva, medo, culpa, constrangimento e vergonha. Pergunte sobre a frequência dessas emoções, quão intensas elas são, quanto tempo duram e com que frequência o paciente acredita que as emoções são mais fortes do que o contexto da situação específica exigiria (p. ex., ficar muito triste ao experimentar um pequeno revés ou decepção).

Reações negativas ou crenças sobre emoções indesejadas

Em seguida, explore as reações aversivas às experiências emocionais, preparando o terreno com algo semelhante ao seguinte:

Vamos falar sobre outra característica importante dos transtornos emocionais. Na verdade, essa característica é ainda mais relevante do que experimentar emoções frequentes ou intensas. Observamos que indivíduos com transtornos emocionais tendem a ter uma reação negativa a essas experiências emocionais quando elas ocorrem. Muitas pessoas com transtornos emocionais começam a perceber uma emoção indesejada surgindo e automaticamente pensam coisas como: "Odeio esses sentimentos", "Estou desmoronando" ou "Eu não deveria me sentir assim". Respostas como essas fazem os altos e baixos da nossa vida emocional parecerem ainda mais angustiantes; quando somos duros com nós mesmos por nos sentirmos de determinada maneira, geralmente nos sentimos ainda pior. Alguma dessas coisas lhe parece familiar?

Ao longo desse diálogo, tente avaliar o grau em que os pacientes consideram suas emoções aversivas, indesejadas, perigosas ou ruins (p. ex., vergonhosas, estúpidas, reflexo de um caráter fraco). Os pacientes podem descrever aversão a experiências emocionais de maneira geral ou a uma parte específica de sua experiência. Um paciente que apresenta transtorno de ansiedade generalizada, por exemplo, pode achar suas preocupações muito angustiantes, enquanto um indivíduo com ansiedade social pode ficar mais perturbado com o tremor de sua voz ou o rubor durante interações sociais. Nessa discussão, e de fato ao longo de todo o curso do tratamento, observe os julgamentos negativos que os pacientes fazem sobre suas experiências emocionais ou sobre si mesmos por terem tais emoções. Exemplos disso incluem "Isso é perigoso", "Eu não consigo lidar com me sentir tão mal", "Isso significa que estou fora de controle" ou "Estou sendo estúpido (por me sentir assim)". Note que os pacientes frequentemente identificarão as situações, e não as emoções, como aversivas. No entanto, essa distinção será importante ao longo do tratamento. Por exemplo, abster-se de sexo após um trauma sexual pode refletir aversão à sensação de medo e vulnerabilidade associada a situações sexuais, e não oposição ao sexo em si. Como outro exemplo, evitação de sons altos em um indivíduo com transtorno de estresse pós-traumático relacionado a combate pode refletir um esforço para evitar a frustração, ansiedade ou vergonha associada a ser surpreendido por ruídos altos, e não uma crença explícita de que esses ruídos sejam perigosos.

Note que nem todas as emoções fortes são acompanhadas por reações aversivas, e é importante evitar caracterizar todas as reações às emoções como contribuindo para o ciclo do transtorno emocional. Um indivíduo pode muito bem reconhecer, contextualizar e tolerar emoções fortes, até mesmo dolorosas, sem esperar que elas durem para sempre — uma reação saudável! Por exemplo, um paciente pode dizer: "Faz sentido eu me sentir ansioso quando me lembro do que vivi enquanto estava em combate" ou "Eu realmente queria um emprego que não consegui, mas essa decepção só vai me motivar a continuar procurando outra oportunidade".

Também é relevante estar ciente de que o paciente pode experimentar reações aversivas a emoções positivas. Muitas vezes, os pacientes não consideram isso na apresentação de seus problemas e podem até estar inconscientes de tais reações. Para alguns indivíduos, no entanto, reações aversivas a emoções positivas são importantes na formulação do caso porque, assim como a aversão a emoções negativas, mantêm hábitos desadaptativos de enfrentamento de esquiva. Por exemplo, sentir alegria pode ser seguido pela preocupação de que as circunstâncias mudarão, que não merecem se sentir bem, ou que se sentirão ainda piores quando a experiência passar. Alguns pacientes descrevem a sensação de calma como paradoxalmente desconfortável, porque isso desencadeia preocupações sobre baixar a guarda, ser irresponsável ou esquecer algo. Sentir amor ou afeto por um parceiro pode levar a medo de abandono ou a preocupações sobre arruinar o relacionamento. Da mesma forma, sentimentos de esperança podem ser acompanhados por preocupação com a decepção.

Ao explorar as reações aversivas às emoções, você também pode ajudar o paciente a identificar os efeitos que essa aversão tem sobre as próprias experiências emocionais — fazendo-as parecer ainda mais intensas, ameaçadoras ou difíceis de lidar. Você pode pedir ao paciente para descrever o que acontece quando ele avalia suas emoções negativamente, a fim de ilustrar como as reações aversivas prolongam as emoções indesejadas e passam a mensagem de que elas são intoleráveis. Por exemplo, preocupar-se com ter um ataque de pânico ao experimentar falta de ar pode levar a uma excitação fisiológica que intensifica essa sensação. Esse "efeito bola de neve" justifica o foco nas reações aversivas às emoções no PU.

Esforços para evitar, fugir ou controlar as emoções

Em seguida, é importante avaliar a presença de comportamentos de evitação emocional. Isso inclui qualquer estratégia cuja função principal seja minimizar o grau de contato do paciente com uma emoção indesejada ou a permanência em contato com ela. Exemplos de comportamentos que constituem evitação incluem:

1. Evitação situacional manifesta (p. ex., recusar-se a pegar o ônibus na agorafobia ou a apertar as mãos no transtorno obsessivo-compulsivo baseado em contaminação).

2. Comportamentos impulsionados pela emoção (p. ex., faltar a uma reunião quando se sente ansioso socialmente).
3. Evitação comportamental sutil (ou seja, esforços para minimizar o envolvimento com emoções desconfortáveis ou seus componentes; por exemplo, apressar-se em uma tarefa estressante, restringir o uso de cafeína).
4. Evitação cognitiva (p. ex., distrair-se, tentar suprimir pensamentos).
5. Uso de sinais de segurança (p. ex., só sair de casa com o cônjuge, carregar medicação o tempo todo).

Não recomendamos descrever todas essas variações de enfrentamento evitativo durante a primeira sessão; em vez disso, mencionamos aqui para chamar sua atenção para a diversidade de estratégias que se enquadram nesse espectro. Muitas vezes, o exemplo mais saliente de enfrentamento evitativo — que é suficiente para ilustrar essa vulnerabilidade aos pacientes — é a evitação situacional manifesta ou fuga. Note que o enfrentamento evitativo, assim como a aversão, pode ser direcionado a um único componente de uma emoção indesejada, como um pensamento (p. ex., evitar material religioso por medo de desencadear pensamentos blasfemos intrusivos) ou uma sensação física (p. ex., evitar subir escadas rapidamente devido à ansiedade relacionada à frequência cardíaca elevada). Para facilitar uma discussão sobre a evitação emocional, você pode usar uma linguagem como a seguinte:

A última característica importante dos transtornos emocionais é aquela em que focaremos nossos esforços para mudar, porque é o que faz a maior diferença no curso das emoções ao longo do tempo: a tendência a se envolver em enfrentamento evitativo, o que significa se esforçar para suprimir ou escapar das emoções em vez de tolerá-las e aceitá-las. Faz muito sentido que você queira evitar emoções, já que acabamos de falar sobre o quão ruins elas podem parecer. Mas a evitação não é uma estratégia eficaz em longo prazo, e passaremos muito tempo falando sobre por que isso é assim. Por enquanto, vamos pensar em como isso se aplica a você. Alguns exemplos de enfrentamento evitativo podem ser recusar-se a fazer coisas que o deixam ansioso, afastar-se dos outros quando se sente triste, evitar situações que possam lembrá-lo de memórias desagradáveis, beber para se acalmar, procrastinar em uma tarefa que pode estressá-lo ou simplesmente evitar contato visual durante uma conversa séria com um chefe. Você consegue pensar em alguns exemplos de como você evita emoções fortes ou como tenta parar de sentir emoções fortes quando elas começam?

Após essa discussão, resuma as características dos transtornos emocionais lembrando os pacientes de que vocês focarão em cada uma das características descritas: a experiência de emoções indesejadas frequentes e intensas; reações aversivas ou crenças negativas sobre as emoções; e esforços para evitar as emoções.

IMPORTÂNCIA DOS FATORES CULTURAIS

É fundamental compreender que o contexto sociocultural de um paciente pode influenciar a forma como ele se apresenta. Por exemplo, queixas somáticas são frequentemente mais proeminentes na maneira como os latinos compreendem a ansiedade em comparação com os europeus-americanos (p. ex., Varela & Hensley-Maloney, 2009). Considere também o impacto da cultura na determinação de se um comportamento é adaptativo ou desadaptativo em relação ao contexto do paciente. Por exemplo, muitos pacientes com ansiedade social têm dificuldade em ser assertivos e podem se envolver em tarefas de exposição que os desafiam a ser assertivos. Por sua vez, pacientes cujas culturas têm fortes valores coletivistas (p. ex., China, Japão) podem agir de maneiras que norte-americanos de origem europeia não considerariam assertivas. Isso pode ser independente da ansiedade social ou, como alternativa, exacerbar a ansiedade social existente. Fatores como estes podem influenciar as respostas comportamentais ou "ações alternativas" que são mais eficazes para um determinado paciente dentro de seu contexto cultural. Portanto, pode ser útil entender as perspectivas do paciente sobre os comportamentos que ele deseja aumentar ou diminuir e considerar cuidadosamente os gatilhos funcionais, as consequências e os mecanismos de manutenção de cada comportamento ao avaliar em que medida ele contribui para a aversão e a evitação emocional (Boettcher & Conklin, 2017).

OLHANDO PARA O FUTURO: AVALIAÇÃO FUNCIONAL CONTÍNUA E CONCEITUALIZAÇÃO TRANSDIAGNÓSTICA DE CASOS

A avaliação deve continuar ao longo do tratamento, pois as oportunidades de avaliar as características dos transtornos emocionais serão enriquecidas à medida que o tratamento prossegue. Nem todos os pacientes chegam com o discernimento necessário para relatar experiências emocionais, especialmente antes de entenderem a função e a natureza das emoções. Assim, é importante manter-se atento a outras chances para a conceitualização de casos e avaliação mais tarde no tratamento. Discutimos exemplos disso com mais detalhes em Barlow e Farchione (2017).

RESOLUÇÃO DE PROBLEMAS: PERGUNTAS PARA AUXILIAR NA AVALIAÇÃO FUNCIONAL

Vários fatores podem tornar a avaliação funcional desafiadora, incluindo alta comorbidade, baixo discernimento, sintomas mantidos por contingências pouco claras e alta emocionalidade por parte do paciente. O *Box* 5.1 apresenta exemplos de perguntas para guiar a discussão, sobretudo se as descrições das características dos transtornos emocionais não parecerem ressoar com o paciente. Essas perguntas são elaboradas de forma que, se o paciente responder afirmativamente, você possa fazer perguntas adicionais para esclarecer ainda mais.

APRESENTANDO O PROGRAMA AO PACIENTE

Após essa discussão sobre transtornos emocionais e avaliação funcional dos problemas apresentados pelo paciente, você fornecerá uma introdução do programa e uma visão geral dos componentes do tratamento. Isso é deliberadamente conduzido logo após a descrição dos transtornos emocionais para que você possa chamar a atenção do paciente sobre como o PU busca mudar as respostas aversivas e o enfrentamento evitativo em resposta a emoções indesejadas.

Como foi mencionado na Parte I, os objetivos deste programa de tratamento são ajudar os pacientes a entenderem melhor e tolerarem suas experiências emocionais, situá-las no contexto atual em que estão ocorrendo e combaterem estratégias desadaptativas de manejo de experiências emocionais desconfortáveis. Ao introduzir o programa de tratamento aos pacientes, achamos importante transmitir claramente a ideia de que o objetivo não é eliminar as emoções de medo, ansiedade, tristeza, raiva, e assim por diante. Na verdade, eliminar essas emoções não seria muito útil, pois elas nos fornecem muitas informações relevantes quando ocorrem de maneira funcional e adaptativa. Em vez disso, este tratamento se concentra em trazer maiores conscientização e compreensão sobre as maneiras como as experiências emocionais e as respostas a essas experiências estão contribuindo para os sintomas. Este tratamento também ajudará os pacientes a se tornarem conscientes de toda a gama de experiências que provocam emoções desconfortáveis, que podem incluir tanto eventos negativos quanto positivos, e a aprenderem maneiras mais adaptativas de responder a esses gatilhos emocionais.

Após comunicar isso, prossiga para uma descrição mais detalhada dos componentes do tratamento, com ênfase em como esses componentes ajudarão especificamente os pacientes a superarem suas dificuldades emocionais (que você explorou anteriormente na sessão). Usando informações contidas nos Capítulos 1 e 4 deste guia, ajude seu paciente a entender os principais objetivos do tratamento

BOX 5.1 Perguntas para auxiliar na avaliação funcional

Perguntas para avaliar experiências de emoções negativas frequentes ou intensas

- Parece que você se sente triste/ansioso/frustrado com mais frequência do que outras pessoas?
- É difícil para você parar de pensar em coisas que o chateiam, irritam ou envergonham?
- Você se considera uma pessoa que se preocupa demais?
- Você tem dificuldade em controlar seu temperamento?
- Outras pessoas já observaram que suas emoções parecem mais intensas do que as dos outros em resposta a situações?
- Você demora mais do que outras pessoas para se acalmar quando fica chateado?
- Parece que você sente as coisas mais intensamente do que outras pessoas?

Perguntas para avaliar reações negativas ou crenças sobre emoções indesejadas

- Você se culpa por se sentir de certas maneiras, como se criticar por ficar chateado com algo?
- Você fica frustrado ao pensar que suas emoções são irracionais?
- Quando você começa a se sentir nervoso, você costuma se preocupar que isso vá escalar para uma ansiedade ainda maior?
- Quando você começa a se sentir deprimido, você sente que isso vai arruinar seu dia inteiro?
- Você às vezes gostaria de poder se livrar completamente das emoções negativas?
- Existem partes dos seus pensamentos/sentimentos/sintomas que assustam você?
- Suas emoções parecem incontroláveis às vezes?

Perguntas para avaliar esforços evitativos no sentido de controlar ou mudar as emoções

- Você tende a evitar ou adiar fazer coisas que o deixam ansioso?
- Você tende a evitar situações nas quais acha que vai se sentir desconfortável?
- Você evita fazer coisas quando está de mau humor ou se sentindo deprimido?
- Você tenta não pensar nas coisas que o chateiam?
- Você às vezes lida com emoções desconfortáveis se distraindo?
- Existem coisas que você gostaria de fazer, mas não faz porque está preocupado em sentir uma emoção forte, como ansiedade, tristeza ou frustração?
- Você tenta fazer coisas para se livrar das suas emoções negativas?
- Você tenta fazer coisas para evitar sentir certas emoções?

e forneça uma visão geral das habilidades principais que ele aprenderá durante o tratamento. A seguir, um exemplo de como você pode apresentar o restante do tratamento. Recomendamos incorporar exemplos relevantes para o paciente, se possível (p. ex., "Os exercícios cognitivos serão uma chance de começar a expandir sua perspectiva sobre participar de reuniões de equipe, para que elas não precisem sempre parecer tão estressantes").

Agora que falamos sobre a justificativa para este tratamento, deixe-me dizer o que você pode esperar daqui em diante. Na próxima semana, trabalharemos juntos a fim de identificar suas razões pessoais para fazer mudanças no tratamento e também reconhecer quais desafios podem surgir. Também definiremos metas específicas para guiar nosso progresso. Depois, exploraremos o que é útil sobre as emoções, começaremos a decompor suas emoções em partes e trabalharemos para situar sua experiência emocional no contexto de gatilhos e consequências. Em seguida, ensinarei a você algumas habilidades para lidar com suas emoções de maneira mais acolhedora. Nosso próximo passo é abordar partes diferentes de suas emoções, uma por vez: seus pensamentos, as sensações físicas que você tem quando está experimentando uma emoção forte e os comportamentos emocionais. Aprenderemos uma habilidade chamada "flexibilidade cognitiva" para você ter mais equilíbrio na maneira como pensa sobre as situações emocionais. Em termos comportamentais, começaremos a praticar comportamentos que permitam que você se aproxime de suas emoções, em vez de evitá-las ou escapar delas. Em seguida, trabalharemos para aumentar sua tolerância às sensações físicas que podem estar tornando suas emoções mais difíceis de lidar. Depois que essas habilidades forem aprendidas, passaremos a maior parte do tempo colocando-as em prática em situações da vida real que projetaremos para que você possa experimentar deliberadamente emoções fortes e praticar como lidar com elas de maneira saudável. Estas são chamadas de "exposições emocionais" e permitem que você aprenda lições importantes sobre sua capacidade de lidar com emoções sem evitá-las. Esta também é a melhor maneira de realmente desenvolver a atitude de aceitação e disposição em relação às emoções de que falamos. Durante todo o processo, você praticará as habilidades que aprendemos entre os encontros. No final, desenvolveremos um plano para continuar praticando enquanto "você se torna seu próprio terapeuta", até que as habilidades que abordamos comecem a surgir naturalmente para você.

Finalmente, a sessão 1 termina com uma discussão do material do Capítulo 4 deste guia e do Capítulo 3 do Manual do Paciente. Especificamente, você deve fornecer uma introdução ao formato geral do tratamento (p. ex., sessões semanais individuais de 50 a 60 minutos) e procedimentos, incluindo a natureza e a importância da avaliação contínua e da prática entre sessões. Como parte dessa discussão, você apresentará a Escala de Ansiedade, a Escala de Depressão, a Escala de Outras Emoções, para rastrear emoções como culpa, raiva e vergonha, se achar necessário, e a Escala de Emoções Positivas, também opcional. Esses breves instrumentos de cinco itens perguntam sobre a gravidade e o comprometimento funcional associados a emoções fortes na semana passada. Você também apresentará o Registro de Progresso para manter registros contínuos das experiências emocionais e acompanhar o progresso ao longo do tratamento. Esses formulários de acompanhamento podem ser encontrados no Capítulo 3 do Manual do Paciente.

Um ponto importante a destacar como parte dessa discussão é a distinção entre monitoramento subjetivo e objetivo. Você pode apontar que é fácil adquirir o hábito de descrever as próprias emoções em termos subjetivos e julgadores ("Aquele ataque de pânico foi horrível e durou uma eternidade!"). Isso não apenas contribui para ver as emoções como ameaçadoras, mas muitas vezes obscurece informações relevantes sobre uma experiência emocional (p. ex., o fato de que as emoções desconfortáveis variam em intensidade em vez de manterem um nível máximo de angústia indefinidamente). Portanto, você deve encorajar seu paciente a começar a pensar sobre suas experiências emocionais de uma perspectiva objetiva. A Escala de Ansiedade, a Escala de Depressão e as Escalas de Outras Emoções e de Emoções Positivas, estas duas opcionais, oferecem um meio para isso, pedindo aos pacientes que reflitam sobre quanto suas emoções realmente interferiram na vida cotidiana ao longo de uma semana, em vez de apenas nos momentos de alta angústia, quando tendem a prestar mais atenção às emoções. Além disso, o acompanhamento de cada um desses instrumentos no Registro de Progresso serve como um lembrete de que o progresso não é necessariamente linear, o que pode ajudar a manter a motivação para a prática das habilidades, mesmo quando um paciente está experimentando um aumento nos sintomas ou acha que os exercícios são particularmente desafiadores.

Formulação de caso do PU

Paciente:_______________

PROBLEMAS APRESENTADOS:

EMOÇÕES FORTES E DESCONFORTÁVEIS:

REAÇÕES AVERSIVAS:

ENFRENTAMENTO EVITATIVO:

EVITAÇÃO SITUACIONAL/FUGA:

EVITAÇÃO COMPORTAMENTAL SUTIL:

EVITAÇÃO COGNITIVA:

SINAIS DE SEGURANÇA:

PLANO DE TRATAMENTO: FOCO/APLICAÇÃO DOS MÓDULOS PRINCIPAIS

MÓDULO 3:

MÓDULO 4:

MÓDULO 5:

MÓDULO 6:

MÓDULO 7:

FOLHA DE EXERCÍCIO 5.1 Folha de Conceitualização de Caso do Protocolo Unificado.

Formulação de caso do PU Paciente:________________

PROBLEMAS APRESENTADOS:

- Dificuldade de terminar tarefas do trabalho no prazo
- "Pensar demais" nas interações com colegas de trabalho
- Ansiedade ao apresentar em reuniões
- Insatisfação com o círculo social

EMOÇÕES FORTES E DESCONFORTÁVEIS:

- Ansiedade sobre interações ou trabalho
- Medo de constrangimento ao apresentar
- Tristeza pela falta de amigos

REAÇÕES AVERSIVAS:

- "Não consigo fazer nada quando estou estressado no trabalho"
- Medo de ficar vermelho
- "É estúpido me sentir mal porque a culpa é minha por não ter amigos"

ENFRENTAMENTO EVITATIVO:

EVITAÇÃO SITUACIONAL/FUGA: Recusar oportunidades de liderar reuniões, sair cedo de eventos de trabalho, relutar em entrar em contato com amigos antigos

EVITAÇÃO COMPORTAMENTAL SUTIL: Procrastinar em tarefas de trabalho, fazer pouco contato visual ao conversar com colegas de trabalho, apressar-se em apresentações

EVITAÇÃO COGNITIVA: Começar a assistir TV ao pensar em estar sozinho, tirar uma soneca ao pensar em uma apresentação que se aproxima

SINAIS DE SEGURANÇA: Só socializar na presença da irmã

PLANO DE TRATAMENTO: FOCO/APLICAÇÃO DOS MÓDULOS PRINCIPAIS

MÓDULO 3: Praticar não julgamento ao fazer novos amigos, ancorar-se no presente quando preocupado com o trabalho em casa

MÓDULO 4: Descatastrofizar ao cometer um erro no trabalho, reformular a probabilidade de ser rejeitado por amigos antigos

MÓDULO 5: Praticar ações alternativas (p. ex., falar devagar ao apresentar)

MÓDULO 6: Expor-se ao rubor (beliscar as bochechas, beber bebida quente, usar casaco pesado) - posteriormente combinar isso com exposição a falar em público

MÓDULO 7: Exposição emocional: Ligar para um amigo antigo, fazer uma apresentação no trabalho, começar uma tarefa de trabalho imediatamente

FOLHA DE EXERCÍCIO 5.2 Folha de Conceitualização de Caso do Protocolo Unificado.

6

Módulo 1: Definição de metas e manutenção da motivação

(Corresponde ao Capítulo 4 do Manual do Paciente)

VISÃO GERAL

O objetivo deste módulo é maximizar a prontidão do paciente para a mudança e aumentar a motivação para engajar-se no tratamento. Foi projetado para ajudar os pacientes a esclarecerem suas metas no tratamento e explorarem os benefícios e os custos de mudar ou permanecer da mesma forma. Este módulo oferece dois exercícios para aprimorar a motivação necessária para iniciar esse tipo de programa de tratamento e pode ser revisitado conforme necessário ao longo do tempo.

OBJETIVOS DO MÓDULO

- Discutir a importância da motivação para o resultado do tratamento.
- Ajudar os pacientes a identificarem metas concretas a serem alcançadas durante o tratamento.
- Auxiliar os pacientes a estabelecerem etapas gerenciáveis para atingirem as metas do tratamento.
- Ajudar os pacientes a explorarem os benefícios e os custos de mudarem ou permanecerem da mesma forma.

MATERIAIS NECESSÁRIOS

- **Formulário de Metas do Tratamento**, localizado ao final do Capítulo 4 do Manual do Paciente.
- **Formulário da Balança Decisória**, localizado ao final do Capítulo 4 do Manual do Paciente.
- **Escala de Ansiedade**, **Escala de Depressão**, **Escala de Outras Emoções** (opcional) e **Escala de Emoções Positivas** (opcional), localizadas no Capítulo 3 do Manual do Paciente.

MOTIVAÇÃO E COMPROMISSO

Como discutido brevemente no Capítulo 4 deste guia, a motivação e o compromisso são essenciais para os pacientes que estão iniciando um curso de tratamento cognitivo-comportamental. Percebemos que faz sentido abordar a motivação para o tratamento logo após a apresentação das habilidades, pois muitos pacientes experimentam incertezas sobre sua capacidade de concluir o programa de forma eficaz ao considerarem todos os exercícios planejados. Portanto, geralmente começamos a discussão sobre motivação validando que muitos pacientes achem a perspectiva do tratamento intimidadora. Em seguida, informamos que alguns dos maiores determinantes dos resultados bem-sucedidos do tratamento são a motivação contínua para a mudança e o engajamento com o programa. Informamos aos pacientes que a motivação pode oscilar ao longo do tempo e que nossa experiência mostra que prestar atenção à motivação desde o início é a maneira mais eficaz de lidar preventivamente com essas oscilações no futuro.

Você pode ajudar o paciente a aumentar a prontidão e a motivação para mudanças comportamentais por meio de dois exercícios motivacionais. Primeiro, utilizamos um **Exercício de Definição de Metas do Tratamento**, no qual os pacientes têm a oportunidade de articular metas para o tratamento e são orientados a tornarem essas metas mais concretas. Em seguida, aplicamos o **Formulário da Balança Decisória**, no qual os pacientes ponderam os prós e os contras de mudarem ou permanecerem da mesma forma.

ESCLARECENDO OS PRINCIPAIS PROBLEMAS E DEFININDO METAS DE TRATAMENTO

Com base nas informações coletadas durante a avaliação funcional na sessão 1 (Capítulo 5), você ajudará seu paciente a esclarecer as principais áreas problemáticas que ele gostaria de abordar no tratamento. Alguns pacientes chegam ao tratamento com uma ideia clara de como suas experiências emocionais levam a problemas significativos em sua vida, enquanto muitos começam o processo com uma compreensão vaga de seus problemas e das mudanças que gostariam de realizar. Esclarecer as principais áreas problemáticas (consulte o **Formulário de Metas do Tratamento** no Capítulo 4 do Manual do Paciente) proporcionará a você e ao seu paciente uma melhor noção das áreas problemáticas a serem focadas no tratamento. Dada a diversidade dos principais problemas entre os pacientes, esse esclarecimento também facilitará a personalização do tratamento.

Uma vez identificadas as principais áreas problemáticas, inicie a discussão sobre a definição de metas concretas e realistas para o tratamento. Essa atividade aumentará a crença do seu paciente em sua capacidade de alcançar com sucesso a mudança desejada, também conhecida como *autoeficácia*. Pesquisas têm mostrado consistentemente que uma das maneiras mais eficazes de alcançar mudanças comportamentais bem-sucedidas é por meio da definição de metas. "Metas", ou objetivos, referem-se a estados ou eventos futuros que um indivíduo está interessado em realizar ou esperando evitar. As metas relacionadas às principais áreas problemáticas podem incluir "sentir-se menos ansioso" ou "fazer mais amigos". Ao ajudar seu paciente a definir objetivos específicos, concretos e gerenciáveis para a mudança comportamental, você estará aumentando significativamente as chances de sucesso na mudança. Embora "sentir-se menos ansioso" seja uma meta popular, ela é difusa e difícil de medir. Peça ao paciente para identificar comportamentos ou experiências mensuráveis que reflitam o que "sentir-se menos ansioso" significaria para ele. Metas comportamentais concretas podem incluir "participar de reuniões de trabalho" ou "enviar cinco candidaturas de emprego". Essa discussão também facilitará o estabelecimento de expectativas realistas para o tratamento. Por exemplo, a definição de objetivos é uma oportunidade para moldar as expectativas do paciente em relação à experiência emocional. Muitas pessoas buscam tratamento para eliminar experiências emocionais desconfortáveis. Dado que os humanos estão programados para experimentarem uma gama de emoções (consulte o Capítulo 7 deste guia para mais detalhes sobre a função das emoções), essa meta não é apenas irrealista, mas também inconsistente com a abordagem do tratamento. Metas realistas e alcançáveis podem incluir "aprender a tolerar experiências emocionais intensas ao fazer uma apresentação". Considerando-se que a natureza das emoções ainda não foi discutida, foque em objetivos que sejam consistentes com a justificativa do tratamento. Um exemplo de um **Formulário de Metas do Tratamento** preenchido pode ser encontrado no Apêndice B do Manual do Paciente.

Ao esclarecer as principais áreas problemáticas e as metas de tratamento no início do processo e revisitar essas metas conforme o tratamento avança, seu paciente terá uma compreensão mais objetiva dos ganhos alcançados durante o programa. Além disso, a justificativa para a abordagem do tratamento pode ser diretamente conectada às principais áreas problemáticas do paciente e às metas relacionadas. Relembrar as metas ao longo do tratamento também proporcionará um foco claro e uma estrutura para as sessões de terapia.

Nota do terapeuta

Algumas das metas do paciente podem ser alcançáveis em questão de horas ("ir à academia hoje à noite"), enquanto outras podem levar mais tempo para serem realizadas ("fazer mais amigos"), e algumas podem ser coisas que os pacientes sempre estarão trabalhando para alcançar. Todos têm objetivos que são alcançáveis em diferentes intervalos de tempo. Pesquisas mostram que a definição de metas específicas, concretas e gerenciáveis para a mudança comportamental melhora significativamente as chances de sucesso na mudança. Assim, o objetivo de "ir à academia hoje à noite" é muito mais propenso a levar a uma mudança de comportamento bem-sucedida do que o de "sentir-se mais satisfeito com a vida". Descobrimos que pode ser útil para os pacientes identificarem suas maiores metas para o tratamento e, em seguida, elaborarem etapas mais concretas e gerenciáveis para alcançá-las, preenchendo o ***Formulário de Metas do Tratamento*** *no Manual do Paciente. Normalmente, recomendamos que você oriente o paciente na escolha e no desdobramento de pelo menos uma meta principal de tratamento durante a sessão. Em seguida, a geração e o desdobramento de metas adicionais podem ser atribuídos como tarefa e discutidos brevemente no início de uma sessão subsequente.*

CONSTRUINDO MOTIVAÇÃO — FORMULÁRIO DA BALANÇA DECISÓRIA

Este exercício foi desenvolvido para ajudar os pacientes a lidarem diretamente com a ambivalência em relação à mudança, explorando os prós e os contras de permanecerem da mesma forma e de mudarem (veja o **Formulário da Balança Decisória** no Capítulo 4 do Manual do Paciente). Após terem uma noção do que o tratamento envolve, pode ser avassalador considerar a conclusão efetiva do tratamento, o que naturalmente desencadeia ambivalência. Mesmo os pacientes mais motivados podem experimentar oscilações em seus níveis de motivação ao longo do tratamento. A própria natureza dos transtornos emocionais sugere, pelo menos, alguma ambivalência em relação à mudança das respostas aos sintomas de ansiedade e depressão, já que o paciente está, pelo menos parcialmente, ciente de como os sintomas têm afetado negativamente sua vida. No entanto, mudar essas respostas por conta própria tem sido difícil, senão impossível. Por exemplo, um paciente com transtorno obsessivo-compulsivo pode reconhecer que seu comportamento compulsivo é excessivo e, ao mesmo tempo, acreditar que não se envolver na compulsão torna mais provável que um resultado temido ou uma consequência catastrófica (o conteúdo da obsessão) ocorra. Em contrapartida, um paciente com transtorno de ansiedade generalizada pode sentir-se muito angustiado com as preocupações, mas também acreditar que elas oferecem algum controle sobre sua ansiedade. Como mencionado anteriormente, essa ambivalência é algo natural do processo de mudança comportamental. Uma maneira de resolver parte dessa ambivalência é ajudar o paciente a inclinar a balança em direção à mudança comportamental, ampliando a discrepância entre sua situação atual e a situação ideal ou desejada. Miller e Rollnick (2002) descreveram esse processo como "desenvolvimento da discrepância". Essencialmente, se um indivíduo vê seu comportamento atual como conflitante com metas ou valores pessoais importantes, as chances de modificar o comportamento aumentam.

Usando o **Formulário da Balança Decisória**, ajude o paciente a identificar os prós e os contras de mudar, bem como de permanecer da mesma forma. Como observado nas vinhetas clínicas, alguns pacientes terão dificuldade em identificar os "contras" associados à mudança de comportamento. Afinal, eles estão vindo para a terapia a fim de fazerem uma mudança em sua vida. No entanto, é importante ajudá-los a identificar possíveis fontes de ambivalência e desenvolver a discrepância entre a vida atual do paciente e como ele gostaria que ela fosse. Se realizado de forma adequada, esse exercício pode naturalmente levar a uma discussão que oferece o PU, juntamente ao compromisso do paciente em fazer uma mudança, como um meio de alcançar as metas de curto e longo prazos que ele identificou, além de desenvolver uma situação mais desejada em geral. O exemplo de um **Formulário da Balança Decisória** preenchido pode ser encontrado no Apêndice B do Manual do Paciente.

Nota do terapeuta

Alguns pacientes estarão ansiosos para mergulharem nos componentes do tratamento que percebem como mais úteis ou baseados em habilidades. Particularmente quando a motivação está alta no início do tratamento, pode ser útil fornecer uma justificativa sólida para despender tempo avaliando os prós e os contras da mudança. Investir tempo no início do tratamento discutindo os contras do tratamento muitas vezes alerta você para os tipos de barreiras que podem se tornar problemáticas mais tarde. Além disso, ao ter essa conversa logo no começo, seu paciente estará ciente da fluidez da motivação e poderá estar mais disposto a discutir problemas à medida que surgirem durante o tratamento.

TAREFA

- Identificar metas adicionais no **Formulário de Metas do Tratamento** ou etapas para alcançar as metas de tratamento identificadas, mas não discutidas na sessão.
- Instruir o paciente a começar a monitorar o progresso preenchendo as **Escalas de Ansiedade** e **de Depressão** (bem como as **Escalas de Outras Emoções** e **de Emoções Positivas**, se estiverem usando).

VINHETAS

Vinheta #1

Nas vinhetas a seguir, T representa o terapeuta e P representa o paciente. O diálogo a seguir é um exemplo de como o terapeuta trabalha com o paciente para definir e desmembrar uma meta principal de tratamento.

P: Bem, eu realmente gostaria de fazer mais amigos.

T: Certo, ótimo. Então, como seria quando você alcançasse essa meta concreta? Que tipo de coisas você estaria fazendo?

P: Hmm, acho que estaria mais em contato com as pessoas, usando redes sociais, talvez saindo mais com colegas de trabalho, recebendo amigos para jantar ou talvez fazendo uma festa em casa, e não ficando em casa nas noites de sábado quando as pessoas me convidam para fazer algo.

T: Certo, essas são algumas metas específicas que você pode trabalhar ao longo do tratamento. Quais são alguns passos gerenciáveis que você pode tomar para alcançar essas metas?

P: Não tenho certeza. Acho que poderia pedir o número de telefone nas redes sociais de alguém?

T: Isso parece uma boa ideia. O que você pode fazer antes disso, para tornar esse passo mais fácil?

P: Bem, acho que poderia começar com uma conversa casual com as pessoas no trabalho ou na academia.

Vinheta #2

O diálogo a seguir mostra o terapeuta trabalhando com o paciente para completar o **Formulário da Balança Decisória**, explorando os prós e os contras de fazer uma mudança comportamental (ou seja, engajar-se no tratamento).

Parte 1

T: Certo, agora vamos olhar para alguns dos prós de permanecer igual. O que você escreveu?

P: Deixei em branco. Não acho que haja benefícios em permanecer da mesma forma.

T: Não é incomum sentir isso. No entanto, o que você acha que o impediu de mudar antes de vir para o tratamento?

P: Bem, mudar sozinho era muito trabalhoso.

T: Mudar comportamentos realmente é muito difícil, especialmente aqueles que temos há muitos anos. Parece que um dos prós de permanecer igual é que é mais fácil continuar assim. Qual seria outro benefício em permanecer como está?

Parte 2

T: Quais são alguns dos contras de permanecer igual?

P: Bem, o jeito que as coisas estão é ruim. Quer dizer, não posso fazer muitas das coisas que quero, como viajar ou sair com amigos.

T: Então, alguns dos contras incluem ser incapaz de viajar e de sair com amigos. No que mais você conseguiu pensar?

P: Principalmente isso — todas as coisas que não posso fazer por causa do meu pânico.

T: Você mencionou que um dos benefícios de permanecer igual é que seria mais fácil. Quão trabalhoso é para você tentar lidar com o pânico agora?

P: É muito trabalhoso. Na verdade, é bem cansativo estar constantemente em alerta para situações que vão me fazer entrar em pânico.

T: Parece que permanecer igual também exige bastante energia e esforço da sua parte.

RESOLUÇÃO DE PROBLEMAS

Ao revisar o **Formulário de Metas do Tratamento** com os pacientes, é importante garantir que as metas identificadas sejam razoáveis e alcançáveis. Os pacientes, por vezes, enfrentam dificuldades para identificar passos concretos em direção às metas maiores que definiram. Certifique-se de que as etapas listadas na coluna "Tomando as medidas necessárias" da ficha sejam, de fato, gerenciáveis. Isso é ilustrado na Vinheta #1, em que o terapeuta responde a uma dificuldade comum, ajudando o paciente a gerar etapas intermediárias que poderia seguir para alcançar a meta final de fazer mais amigos. Além de modelar o processo de solução de problemas ou a definição de metas para o paciente, o terapeuta também ajudou a aumentar sua autoeficácia, reforçando as tentativas de resolver os problemas.

Ao revisar o **Formulário da Balança Decisória** com os pacientes, é importante garantir que eles tenham explorado honestamente os prós e contras tanto de mudar quanto de permanecer da mesma forma. Como ilustrado na Parte 1 da Vinheta #2, uma dificuldade que pode surgir é que os pacientes, às vezes, deixam em branco os contras de mudar ou os prós de permanecer da mesma forma. No entanto, é fundamental reconhecer que *há* benefícios em permanecer da mesma forma, e identificar esses obstáculos potenciais no início permitirá que o paciente esteja ciente deles à medida que o tratamento avança. Depois de revisar os possíveis benefícios de permanecer igual, comece a revisar os contras. Você também pode usar quaisquer benefícios que o paciente tenha identificado para ajudá-lo a gerar contras adicionais de permanecer na mesma situação. Isso é demonstrado na Parte 2 da Vinheta #2, na qual o terapeuta conseguiu ajudar o paciente a identificar sua própria ambivalência e também a gerar motivos adicionais contra permanecer da mesma forma. Essa técnica pode ser útil para superar a ambivalência do paciente e continuar a construir motivação.

7

Módulo 2: Compreensão das emoções

(Corresponde aos Capítulos 5 e 6 do Manual do Paciente)

VISÃO GERAL

O Módulo 2 oferece a psicoeducação sobre a natureza funcional e adaptativa das emoções e ajuda os pacientes a desenvolverem maior conscientização sobre os padrões de resposta emocional, incluindo possíveis fatores de manutenção (p. ex., gatilhos comuns, contingências ambientais e/ou o papel de manutenção da evitação). Os pacientes também aprenderão a monitorar e acompanhar as emoções, concentrando-se em três componentes principais de suas experiências emocionais (pensamentos, sensações físicas e comportamentos).

Nota do terapeuta

Você pode optar por abordar o conteúdo do Módulo 2 em duas ou mais sessões. No entanto, se optar por cobrir este módulo em uma única sessão, as tarefas do Capítulo 6 do Manual do Paciente serão redundantes com as do Capítulo 5. Nesse caso, atribua o ***Formulário Seguindo seu ARC*** *para monitorar as experiências emocionais, em vez do* ***Formulário do Modelo de Três Componentes das Emoções****.*

OBJETIVOS DO MÓDULO

- Ajudar os pacientes a desenvolverem uma compreensão mais flexível e precisa das emoções e sua função.
- Auxiliar os pacientes a desenvolverem maior conscientização das emoções à medida que ocorrem, especialmente das interações entre sensações físicas, pensamentos e comportamentos.
- Ajudar os pacientes a começarem a identificar os gatilhos para as experiências emocionais, bem como suas respostas a essas emoções e as consequências de curto e longo prazos dessas respostas.
- Ajudar os pacientes a entenderem as maneiras pelas quais as experiências emocionais influenciam os comportamentos atuais e futuros.

MATERIAIS NECESSÁRIOS

- **Formulário do Modelo de Três Componentes das Emoções**, localizado no final do Capítulo 5 do Manual do Paciente (se o módulo for conduzido em duas ou mais sessões).
- **Formulário Seguindo seu ARC**, localizado no final do Capítulo 6 do Manual do Paciente.
- **Escala de Ansiedade**, **Escala de Depressão**, **Escala de Outras Emoções** (opcional) e **Escala de Emoções Positivas** (opcional), localizadas no Capítulo 3 do Manual do Paciente.

REVISÃO DAS TAREFAS

Assim como em todas as sessões seguintes, começamos com uma revisão das tarefas concluídas pelo paciente. Você pode começar discutindo a experiência do paciente em monitorar as emoções usando as **Escalas de Ansiedade** e **de Depressão** (assim como as **Escalas de Outras Emoções** e **de Emoções Positivas**, se preenchidas). Em seguida, reveja quaisquer metas adicionais que o paciente tenha adicionado ao **Formulário de Metas do Tratamento** desde a última sessão. Se o paciente não avaliou as emoções usando essas escalas, reserve alguns minutos da sessão para coletar e registrar as pontuações de ansiedade e depressão. O não cumprimento das tarefas é algo importante a ser abordado no início do tratamento. Discuta os obstáculos para completar a(s) tarefa(s) e proponha estratégias para concluí-la(s) no futuro. Além disso, reforce a importância das tarefas no aprendizado de como aplicar as estratégias do tratamento.

PSICOEDUCAÇÃO — A NATUREZA DAS EMOÇÕES

As emoções são adaptativas

Muitos pacientes buscam tratamento com o objetivo de se livrar das emoções negativas desconfortáveis e indesejadas. Embora seja necessário demonstrar empatia pelo sofrimento que estão enfrentando, também é importante descrever a natureza funcional e adaptativa das experiências emocionais. Essa discussão fornece a base necessária para apoiar a justificativa do tratamento. Lembre-se, o objetivo geral desse modelo de tratamento é aprender a tolerar melhor e responder de forma adaptativa às experiências emocionais intensas, em vez de se engajar em esforços diretos para controlar, suprimir ou evitar essas emoções. A psicoeducação incluída neste módulo não apenas fornecerá informações fundamentais sobre as experiências emocionais, mas também aumentará o "engajamento" nas estratégias de tratamento desafiadoras que estão por vir.

Ao discutir a natureza adaptativa das emoções, deve-se comunicar que elas desempenham uma função importante, à qual devemos prestar atenção. A principal função das emoções (p. ex., medo, ansiedade, depressão e raiva) é nos alertar sobre eventos ou situações relevantes, externos ou internos, e nos motivar a agir em resposta a eles. Todas as emoções, positivas e negativas, têm um papel e são necessárias em sua essência, até mesmo aquelas que podemos ver como desconfortáveis ou desagradáveis. Os pacientes aprenderão primeiro a observar suas experiências emocionais e considerar a função dessas experiências.

Para ilustrar o papel adaptativo e funcional das emoções, você pode querer discutir com o paciente, durante a sessão, as definições e os exemplos de emoções fornecidos no Capítulo 5 do Manual do Paciente. É provável que os pacientes não vejam essas emoções (medo, tristeza, ansiedade, raiva e culpa/vergonha) como desempenhando papéis particularmente positivos ou funcionais em sua vida e, em vez disso, sintam que elas atrapalham seu funcionamento. Também discuta a função adaptativa das emoções positivas (como felicidade, empolgação e orgulho). Para ilustrar o ponto de que as emoções desempenham uma função importante e adaptativa, pergunte ao seu paciente se ele já teve experiências em que emoções "negativas" foram úteis ou benéficas.

Nota do terapeuta

Se o paciente estiver com dificuldade para identificar momentos em que emoções desconfortáveis tenham sido adaptativas em sua própria vida, você pode ajudá-lo a fazer essa conexão refletindo sobre exemplos de emoções que ele compartilhou com você durante a avaliação funcional inicial.

Compreendendo as emoções — o modelo de três componentes das experiências emocionais

O primeiro passo para ajudar os pacientes a melhorarem a regulação emocional é auxiliá-los a obterem consciência de sua resposta emocional. Os pacientes muitas vezes experimentam as emoções como uma grande "nuvem" de sentimentos intensos e acham difícil determinar quais informações (sobre o ambiente, a situação, etc.) as emoções estão tentando fornecer. Isso pode levar à percepção de que as emoções são incontroláveis, irracionais ou ocorrem sem motivo aparente. Em resposta, os pacientes podem tentar suprimir ou parar essas emoções que parecem sem sentido. No entanto, as experiências emocionais podem ser decompostas em três partes principais — o que pensamos, como nos sentimos fisicamente e o que fazemos (ou sentimos vontade de fazer). Ao dividir as emoções em componentes menores, os pacientes podem avaliar mais facilmente como elas ocorrem em resposta a estímulos internos ou externos e, assim, começar a vivenciá-las de forma mais gerenciável e menos avassaladora. Essa psicoeducação também oferece uma oportunidade de entender as interações causais entre as partes das emoções e como essas interações podem contribuir para a manutenção das emoções em longo prazo.

Os três componentes das emoções são os descritos a seguir.

1. **Pensamentos:** a forma como pensamos sobre qualquer experiência vai influenciar como essa experiência é sentida. Para entender melhor o papel dos pensamentos em uma experiência emocional, incentive seu paciente a identificar pensamentos durante momentos de emoções intensas. As seguintes perguntas podem ser úteis: "Que tipo de pensamentos você percebe quando se sente deprimido ou ansioso?", "E quando você se sente feliz?".
2. **Sensações físicas:** cada estado emocional está associado a respostas físicas. Para ilustrar o papel das sensações físicas nas experiências emocionais, você pode perguntar ao paciente: "Quais sensações físicas

constituem a sensação de empolgação?", "E quando você experimenta pânico?", "Existem respostas físicas semelhantes em diferentes estados emocionais?", "Quais sensações físicas estão associadas à depressão ou tristeza?", "E quanto à fadiga, tensão muscular, etc.?".

3. **Comportamentos/impulsos comportamentais:** as emoções servem para motivar uma mudança comportamental. Os comportamentos são ações que realizamos ou sentimos vontade de realizar em resposta ao estado emocional. Muitas vezes, alguém responde a um sentimento sem pensar, pois parece que nosso corpo "sabe" a melhor maneira de lidar com essas situações. Para ilustrar esse componente, você pode oferecer alguns exemplos ao paciente, como o de alguém que está deprimido e pode ficar na cama o dia todo ou apenas assistir à televisão, porque a ideia de "enfrentar" o dia é muito avassaladora. Ou, ainda, alguém que se sente ansioso em situações sociais e de repente se encontra em uma multidão de pessoas onde é esperado que interaja pode sair rapidamente da situação para escapar desses encontros sociais assustadores.

Ao apresentar esses três componentes, também é importante começar a discutir como um componente pode influenciar o outro, muitas vezes de maneira recíproca. Veja o seguinte exemplo de um paciente chamado João:

> *João relatou ter os seguintes pensamentos ansiosos e autodepreciativos após participar de uma conversa com seu chefe no trabalho: "Agi como um idiota", "Fiz perguntas estúpidas", "Eu deveria ter entendido melhor o assunto". Ao ajudar João a identificar os três componentes de sua emoção nessa situação específica, o terapeuta usou os pensamentos que João identificou para ajudá-lo a refletir também sobre os outros dois componentes do modelo. O terapeuta perguntou: "E quando você estava pensando dessa maneira, percebeu alguma mudança em como estava se sentindo fisicamente?". Em resposta, João relatou ter experimentado uma súbita onda de adrenalina enquanto revivia a interação com seu chefe em sua mente, o que resultou em aumento da temperatura corporal e algumas sensações leves de irrealidade. Por sua vez, esses sentimentos provocaram mais pensamentos negativos, o que aumentou a resposta física, e assim por diante. Após um curto período, João estava se sentindo "incrivelmente agitado e ansioso". Nesse ponto, ele optou por parar de participar da conversa com seu chefe (um comportamento), o que o fez se sentir um pouco mais calmo (diminuição da frequência cardíaca, uma mudança em sua resposta física). Mais tarde, porém, ele pensou: "Sou um perdedor por não conseguir ter uma conversa simples" (uma cognição desencadeada pelo comportamento de se retirar da conversa).*

Usando o Formulário do Modelo de Três Componentes das Emoções

Durante a sessão, achamos útil ajudar diretamente o paciente a identificar os três componentes da emoção usando o **Formulário do Modelo de Três Componentes das Emoções** do Capítulo 5 do Manual do Paciente.

Ao usar esse formulário na sessão, você deve questionar cuidadosamente o paciente sobre cada componente em separado, discutindo também como os componentes interagem para aumentar a emoção. Esse aumento pode ocorrer muito rapidamente e é, com frequência, descrito pelos pacientes como algo automático ou habitual. Um de nossos pacientes descreveu como se suas emoções estivessem "indo de 0 a 100". Isso pode contribuir para a experiência de que as emoções são intensas demais ou estão fora de controle. Pode ser interessante começar perguntando: "Qual foi a primeira coisa que você notou?" ou "O que fez você perceber que estava ficando ansioso?" apontando que uma resposta emocional pode, subjetivamente, começar com um pensamento (p. ex., "Não estou fazendo um bom trabalho"), uma sensação física (p. ex., falta de ar) ou um comportamento (p. ex., bater o pé). Pode ser benéfico explicar aos pacientes que dividir as emoções em partes componentes os ajudará a entenderem melhor como a emoção se desenvolve e por que está ocorrendo. Esse processo de análise muitas vezes leva a uma discussão sobre como as respostas emocionais podem ser moduladas de forma adaptativa à medida que se desenvolvem (em tempo real), estabelecendo ainda mais a justificativa para os componentes subsequentes do tratamento.

Reconhecendo e monitorando as experiências emocionais — o ARC das emoções

Outro passo importante para ajudar os pacientes a entenderem suas próprias experiências emocionais — e para tornar essas experiências menos intensas ou desconfortáveis e mais gerenciáveis — é obter uma melhor compreensão de quando, onde e por que elas estão ocorrendo e como são mantidas. Isso significa que os pacientes devem começar a observar mais de perto suas vivências, monitorando o que está acontecendo no exato momento em que ocorre, e anotando o que aconteceu antes e depois.

Identificar o "ARC das emoções" tem como objetivo apresentar aos pacientes o processo de monitorar as experiências, a fim de alcançar uma melhor compreensão do que acontece durante a experiência emocional. Isso permitirá que os pacientes trabalhem para responder de forma mais adaptativa e realista.

Nesse ponto do tratamento, não se espera que o paciente mude suas experiências emocionais, embora isso possa ocorrer com maior conscientização e como resultado do monitoramento. O objetivo, no entanto, é simplesmente monitorar as experiências emocionais e se tornar mais consciente do contexto em que elas ocorrem.

Para ilustrar o ARC das emoções, é importante trabalhar com um exemplo das consequências de curto e longo prazos das respostas emocionais, como os fornecidos no Capítulo 6 do Manual do Paciente. A seção a seguir discute aspectos do ARC das emoções ao introduzir e aplicar os conceitos relacionados ao monitoramento das experiências emocionais.

- As emoções não surgem do nada, embora às vezes possa parecer que sim. Toda experiência emocional é desencadeada por algum evento ou situação que faz a pessoa reagir e responder. Por sua vez, essas respostas têm consequências. Às vezes, é difícil reconhecer esses gatilhos, mas, com a prática repetida, eles podem ser identificados.
- Os "**As**" (no acrônimo ARC), ou antecedentes, se referem aos eventos ou situações que desencadeiam as experiências emocionais. Os gatilhos podem ser algo que acabou de acontecer, algo que aconteceu mais cedo no dia ou até algo que ocorreu na semana anterior. Para ilustrar esse ponto, você pode se referir aos casos no Capítulo 5 do Manual do Paciente. Por exemplo, se uma mulher que recebe uma mensagem de texto de sua amiga cancelando seus planos de jantar teve uma discussão ou foi rejeitada por um ente querido pela manhã, isso pode influenciar a forma como ela pensa e aborda a situação com sua amiga. Ela pode estar mais propensa a presumir que é "desinteressante" e que essa avaliação é compartilhada por sua amiga, sendo a causa do cancelamento. Ela poderia não ter reagido da mesma maneira se a discussão anterior naquela manhã não tivesse ocorrido. O "A", nesse caso, seria tanto imediato quanto distante — por exemplo, a mensagem de sua amiga (próximo) e a discussão com um ente querido no início do dia (distante). Ao trabalhar com pacientes com transtorno de estresse pós-traumático, pode ser útil apontar que alguns antecedentes podem estar muito no passado (p. ex., ter vivido uma situação de ameaça à vida), o que consideraríamos como um antecedente se isso potencializar experiências emocionais posteriores (p. ex., temer pela própria segurança em ambientes semelhantes).

Nota do terapeuta

Para pacientes que experimentam pensamentos ou imagens intrusivas e indesejadas, pode ser útil conceitualizar o pensamento ou imagem intrusiva como o antecedente e identificar a resposta e a consequência para esse pensamento intrusivo, conforme descrito posteriormente. Por exemplo, um paciente pode relatar vergonha intensa ao experimentar imagens sexuais intrusivas. Ele pode responder a essas imagens indesejadas com pensamentos como "Sou uma pessoa horrível", notar sensações físicas de aumento da tensão muscular e se engajar em estratégias comportamentais, como substituir os pensamentos indesejados por pensamentos agradáveis. Ajude o paciente a examinar as consequências de curto prazo dessa resposta, bem como as consequências de longo prazo.

- Os **"Rs"**, ou respostas às experiências emocionais, incluem todas as respostas que ocorrem nos três principais componentes das experiências emocionais: pensamentos, sensações físicas e comportamentos. Como mencionado anteriormente, os pacientes podem ter dificuldade, de início, em identificar suas respostas em todos os três domínios, então você pode lembrá-los de que essas respostas refletem o modelo de três componentes.
- Os **"Cs"**, ou consequências das respostas emocionais, são tanto de curto quanto de longo prazos. É essencial ajudar o paciente a entender como as consequências de curto e longo prazos são muitas vezes bastante diferentes. No caso das pessoas com transtornos emocionais, as consequências de curto prazo dos comportamentos emocionais costumam ser negativamente reforçadoras (ou seja, resultam em redução imediata das emoções desconfortáveis), fazendo o paciente adotar comportamentos semelhantes no futuro. Por exemplo, quando alguém sai de uma festa cedo porque está experimentando muita ansiedade social, essa resposta leva a uma redução imediata da ansiedade, o que reforça esse comportamento no futuro. Da mesma forma, ceder ao impulso de verificar algo para alguém que tem pensamentos intrusivos de dúvida gera alívio imediato da ansiedade causada pela dúvida. No entanto, em ambos os casos, as consequências de longo prazo também são evidentes. No primeiro cenário, um padrão de sair cedo de festas, ou de nem mesmo comparecer, resulta em sentimentos de solidão e isolamento. No segundo cenário, engajar-se em comportamentos de verificação reforça a crença de que os pensamentos de dúvida precisam ser neutralizados pela verificação, o que pode se transformar em

um comportamento intrusivo e demorado, prolongando o tempo necessário para sair de casa em vários minutos.

É importante que os pacientes vejam ambas as consequências de suas respostas — o efeito positivo de curto prazo e o efeito prejudicial de longo prazo —, já que muitas vezes elas estão em conflito entre si e representam um exemplo claro da desconexão entre a vida que gostariam de levar e a vida que estão levando em função de gerenciar seu sofrimento emocional.

Nota do terapeuta

Não é necessário mudar qualquer comportamento de evitação emocional que seu paciente possa adotar nessa fase do tratamento. Você discutirá maneiras de mudar os comportamentos emocionais com mais detalhes mais tarde. No entanto, pode ser melhor simplesmente refletir para os pacientes que a consequência de curto prazo dessas estratégias é a redução das emoções intensas no momento. Você também pode começar a desenvolver uma discrepância para os pacientes, sugerindo que essas estratégias não têm sido muito eficazes até agora, especialmente em longo prazo. Por exemplo, você poderia perguntar: "Quão eficaz tem sido essa estratégia?" ou "Isso está funcionando para você?".

COMPREENDENDO AS EMOÇÕES E OS COMPORTAMENTOS: RESPOSTAS APRENDIDAS

Os conceitos discutidos na seção anterior deste capítulo (e no capítulo anterior) devem fornecer ao paciente uma melhor compreensão de como as experiências emocionais se desenrolam, como é importante aumentar a consciência sobre como as emoções são desencadeadas, como os gatilhos influenciam as respostas e quais são as consequências de curto e longo prazos dessas respostas. A próxima seção expande a discussão sobre as consequências (ou "Cs") das formas como o paciente responde a situações ou eventos emocionais, introduzindo o conceito de respostas aprendidas. Existem três pontos principais que você pode apresentar ao discutir os comportamentos aprendidos, descritos a seguir.

Aprendemos com nossas experiências

Os gatilhos das nossas emoções e o que acontece quando os experimentamos tendem a deixar uma impressão duradoura. O que aprendemos influenciará como experimentaremos uma situação semelhante no futuro.

Aprendemos a fazer coisas para evitarmos potencialmente sentir-nos mal

Aprender a evitar objetos e situações que nos causaram danos ou nos fizeram sentir mal no passado, ou que têm o potencial de fazer isso no futuro, é geralmente uma estratégia razoável e adaptativa para a sobrevivência. Considere usar o seguinte exemplo (ou crie o seu próprio) como parte de sua discussão sobre comportamentos aprendidos:

> *Um pequeno coelho salta pela floresta à procura de comida. De repente, e inesperadamente, encontra uma raposa faminta escondida atrás de uma árvore. Em reação a esse confronto inesperado (e certamente indesejado), o coelho rapidamente corre na direção oposta. Correndo por sua vida, coloca a maior distância possível entre ele e a raposa.*
>
> *No dia seguinte, o coelho está novamente procurando comida naquela área. Mas, ao contrário do dia anterior, ele não se aproxima da árvore onde encontrou a raposa. E, desde então, o coelho continua evitando essa árvore, apesar de nunca mais ter se deparado com a raposa.*

Simplificando, aprendemos a fazer as coisas que nos fazem sentir bem e a evitar as coisas que têm o potencial de nos fazer sentir mal ou nos prejudicar de alguma forma. No exemplo, a resposta de medo do coelho é inteiramente adaptativa — ele escapou por pouco do que poderia ter sido uma situação muito ruim. Evitar situações também é adaptativo em algumas circunstâncias, mas pode levar a comportamentos aprendidos que são excessivos, incongruentes com o contexto atual ou inconsistentes com nossos objetivos. Uma vez estabelecidos, os padrões de evitação podem ser difíceis de quebrar. No exemplo anterior, evitar a árvore onde o coelho encontrou a raposa serve bem ao animal, já que ele definitivamente não quer se deparar com a raposa novamente. Mas isso pode ser menos adaptativo (ou não adaptativo) em outras circunstâncias, ou quando a ameaça não está mais presente.

A dificuldade associada à mudança de comportamentos de evitação pode ser, pelo menos em parte, devido ao fato de que a evitação limita novos aprendizados. Se, por exemplo, uma pessoa evita entrar em uma situação que anteriormente causou uma reação de medo significativo, ela nunca será capaz de desafiar pensamentos existentes sobre o perigo da situação ou sua capacidade de lidar com um resultado temido, e, assim, o medo (e a evitação) provavelmente continuará. Ela também deixa de aprender uma lição importante sobre a própria emoção

— emoções intensas ou angustiantes eventualmente diminuem e desaparecem quando fica claro que a situação mudou (e, no caso do medo, a ameaça não está mais presente ou o resultado é tolerável).

Aprendemos a fazer coisas para gerenciar emoções intensas e angustiantes

Embora engajar-se em comportamentos de evitação (e outros comportamentos emocionais) possa parecer adaptativo devido à redução de curto prazo na intensidade das emoções fortes, isso pode levar a um ciclo vicioso no qual os comportamentos se tornam mais arraigados, contraproducentes e desalinhados com o verdadeiro contexto em que estão ocorrendo.

Conforme ficará claro na discussão sobre os outros pontos-chave, e que você pode escolher enfatizar, as pessoas geralmente formam hábitos comportamentais com base nas consequências de curto prazo, mais do que nas de longo prazo. (É por isso que é mais fácil adquirir o hábito de comer *junk food*, que proporciona gratificação imediata, e mais difícil adquirir o hábito de ir à academia, onde a consequência positiva é demorada.) No contexto de emoções intensas, isso explica por que a evitação é um hábito tão comum e difícil de quebrar. Alterar o ciclo de evitação exigirá, portanto, uma disposição para sentir mais desconforto em curto prazo — e, para alguns pacientes, um salto de fé em confiar que priorizar as consequências de longo prazo trará resultados.

Os comportamentos emocionais que servem para suprimir ou escapar das emoções são mantidos por meio de um processo básico de reforço negativo. Como esses comportamentos reduzem emoções intensas ou angustiantes (ou seja, a remoção de algo ruim), é mais provável que eles ocorram novamente no futuro. Infelizmente, a resposta emocional e os comportamentos desadaptativos associados serão mantidos e provavelmente ocorrerão com uma intensidade semelhante à anterior, senão maior, já que nenhum novo aprendizado concorrente ocorreu.

Os pacientes com frequência reconhecem que seus comportamentos emocionais parecem irracionais, considerando o verdadeiro perigo associado a uma situação. Eles podem dizer algo como: “Eu sei racionalmente que não é perigoso, mas evito de qualquer maneira” ou “Mesmo sabendo que nada de ruim vai acontecer, eu só quero sair da situação”. A ideia da resposta aprendida pode ajudar os pacientes a entenderem por que estão engajados em comportamentos que, de outra forma, podem parecer “irracionais”.

Nota do terapeuta

É uma boa ideia garantir que os pacientes tenham uma compreensão muito clara das dificuldades associadas à evitação de emoções desconfortáveis e de por que tentar afastar esses sentimentos pode não ser a melhor solução. É importante que comecem a pensar sobre esses conceitos e aumentem sua conscientização sobre como os padrões de comportamentos aprendidos estão funcionando em sua vida diária, especialmente no que diz respeito ao manejo de emoções perturbadoras.

TAREFAS

- Peça ao paciente para completar o **Formulário do Modelo de Três Componentes das Emoções** no Capítulo 5 do Manual do Paciente, selecionando pelo menos uma experiência emocional que ocorra durante a semana e dividindo-a em pensamentos, sensações físicas e comportamentos. Esse instrumento ajudará o paciente a aumentar a conscientização sobre suas experiências emocionais, separando as experiências para que elas pareçam menos avassaladoras e incontroláveis.
- Peça ao paciente para usar o **Formulário Seguindo seu ARC** para identificar tanto as consequências de curto quanto as de longo prazo de suas respostas a situações ou eventos emocionalmente perturbadores, bem como quaisquer padrões de comportamento aprendido.
- Instrua o paciente a continuar monitorando as experiências emocionais semanais preenchendo as **Escalas de Ansiedade** e **de Depressão** (bem como as **Escalas de Outras Emoções** e **de Emoções Positivas**, se estiverem usando) e usando o **Registro de Progresso** para registrar as pontuações.

Nota do terapeuta

Se este módulo for concluído em uma única sessão, recomendamos atribuir apenas o ***Formulário Seguindo seu ARC*** *como tarefa.*

VINHETAS

As vinhetas a seguir fornecem diálogos entre terapeuta e paciente, nos quais o terapeuta trabalha com o paciente para entender a natureza adaptativa e funcional da experiência emocional de ansiedade.

Vinheta #1

P: Acho que consigo entender como a ansiedade pode ajudar a me preparar para algo, mas quando estou ansioso, fico tão estressado que sinto que não consigo fazer nada!

T: Você pode me dar um exemplo?

P: Na semana passada, quando eu tinha que me preparar para uma entrevista de emprego. Eu precisava saber mais sobre a empresa e provavelmente deveria ter praticado o que ia dizer na entrevista, mas acabei ficando tão estressado que me desliguei e não consegui fazer nada.

T: Então, a ansiedade sobre a entrevista o motivou a querer se preparar, pesquisando sobre a empresa e praticando o que você poderia dizer, mas também fez você se sentir estressado. Você sentiu tensão?

P: Sim, meus ombros e pescoço ficam muito tensos e rígidos.

T: E o que aconteceu quando você "se desligou"?

P: Eu comecei a me preocupar se ia parecer inteligente o suficiente, se ia parecer que sabia do que estava falando, ou se estragaria tudo. E então fiquei tão sobrecarregado que não consegui pensar em nada.

T: Então você teve alguns pensamentos sobre o que poderia acontecer — algumas dúvidas, algumas preocupações?

P: Sim.

T: E o que você acabou fazendo?

P: Nada. Fiquei paralisado. No final, eu estava revisando para a entrevista na noite anterior, apenas lendo coisas no *site* deles. Não me senti nem um pouco preparado.

T: Então você reagiu à sua ansiedade procrastinando e não fazendo nada até o último minuto. Parece que você também reagiu se preocupando muito e tendo muitos pensamentos de dúvida, além de ficar fisicamente tenso. Portanto, embora essa ansiedade inicial tenha lhe dado a ideia de se preparar para a entrevista, ao pesquisar mais sobre a empresa e ensaiar, vários outros pensamentos, sentimentos e comportamentos entraram em ação também. Falaremos mais sobre essas outras respostas em uma sessão futura, mas, por agora, deixe-me perguntar uma coisa: você acha que essa experiência inicial de ansiedade, que o fez querer se preparar para a entrevista, foi uma coisa boa ou ruim?

P: Bem, acho que *essa* parte foi boa, mas depois me deixou estressado e sobrecarregado.

T: Então, no fundo, a ansiedade teve um propósito positivo, mesmo que tenha desencadeado uma experiência desconfortável para você. Como isso acontece é algo em que nos concentraremos ao longo deste programa.

Vinheta #2

P: Acho que entendo o que você está dizendo, mas não quero sentir essas coisas. Estou cansado de me sentir ansioso e triste; é por isso que vim até você!

T: Isso mesmo. Ninguém quer lutar ou sofrer na vida, e foi isso que o trouxe aqui — tentar acabar com suas dificuldades. Mas, por mais que você não goste de se sentir triste ou ansioso, consegue pensar em um momento em que essas emoções possam ter sido úteis para você? Você já perdeu ou quebrou seu brinquedo favorito quando era criança?

P: Não sei, acho que sim. Lembro de uma vez que deixei meu boneco favorito cair em um bueiro.

T: Você se lembra de como se sentiu?

P: Bem, obviamente fiquei muito chateado. Eu tinha só uns 6 ou 7 anos. Lembro que corri para casa chorando.

T: Então você se sentiu bastante triste. O que aconteceu quando chegou em casa? Alguém estava lá para recebê-lo?

P: Minha mãe estava lá.

T: Você se lembra de como ela reagiu?

P: Bem, ela provavelmente me deu um grande abraço. Lembro que ela tentou me ajudar a recuperar o boneco com a vara de pescar do meu pai, mas não deu certo.

T: Então parece que sua tristeza motivou sua mãe a consolá-lo e a tentar ajudá-lo de alguma forma, tentando recuperar seu boneco?

P: Acho que nunca tinha pensado nisso dessa forma, mas sim.

Vinheta #3

Nesta vinheta, o terapeuta ajuda o paciente a identificar o ARC de sua experiência emocional.

P: Como eu sei o que é o "A"? Nem sempre sei por que me sinto ansioso ou irritado, às vezes simplesmente sinto.

T: Você pode me dar um exemplo?

P: Bem, como na outra manhã, eu simplesmente acordei não me sentindo "bem", e não sei por quê.

T: Você se lembra do que estava acontecendo naquela manhã?

P: Era sábado, então nada estava realmente acontecendo. Não tenho certeza.

T: Você se lembra do que aconteceu quando acordou? Você se levantou imediatamente ou ficou na cama por um tempo?

P: Eu não me levantei imediatamente; fiquei na cama por um tempo depois de acordar.

T: Você consegue se lembrar do que estava fazendo enquanto estava deitado, além de apenas ficar lá?

P: Hmm, não tenho certeza. Acho que estava pensando um pouco no trabalho. Tive uma reunião no dia anterior, e estava meio que revivendo isso na minha mente.

T: Você se lembra de algum pensamento específico que teve sobre a reunião?

P: Eu me perguntava se algo que disse poderia ter sido mal-interpretado por meu colega. Acho que estava um pouco preocupado que algo pudesse acontecer quando eu voltasse ao trabalho na segunda-feira.

T: Então você estava preocupado com o resultado de sua reunião no dia anterior? Algo mais?

P: Acho que também estava pensando se deveria ligar para meu amigo e fazer planos para o dia ou se já seria tarde demais para falar com ele.

T: Como esses pensamentos fizeram você se sentir?

P: Acho que comecei a me sentir isolado e a me criticar.

T: O que você fez a seguir?

P: Eu não liguei para o meu amigo e fiquei na cama.

T: Então, nesta situação, se a sua "R", ou resposta, incluiu pensamentos negativos sobre você, sentimentos de ansiedade e solidão e a decisão de ficar na cama, o que você acha que poderia ser o "A"?

P: Acho que pensar em como fui na reunião do dia anterior.

T: Exatamente! Nessa situação, você estava ruminando sobre seu desempenho e se preocupando com as implicações, o que o fez se sentir ansioso e autocrítico, levando a mais pensamentos negativos sobre si mesmo e fazendo você ficar em casa em vez de ligar para seu amigo. Então, nesse caso, acordar ruminando e se preocupando serviu como um poderoso gatilho, ou "A".

Vinheta #4

A vinheta a seguir ilustra como respostas comportamentais aprendidas podem ter consequências negativas em longo prazo.

P: Não vejo o que há de tão ruim em deixar uma situação se isso me faz sentir melhor.

T: Então você já saiu de situações no passado, em vez de ficar e se sentir mal?

P: Sim.

T: E como você se sentiu quando saiu?

P: Minha ansiedade foi embora!

T: Certo! Parece uma estratégia bastante eficaz, pelo menos em curto prazo. Isso é o que chamamos de comportamento aprendido — parece funcionar, então você aprende a fazer isso de novo na próxima vez. E quanto às consequências em longo prazo? São situações em que você gostaria de ser capaz de ficar?

P: Às vezes. Como na festa de formatura da minha irmã — eu realmente queria estar lá por ela, mas eu não conhecia seus amigos e estava muito desconfortável, então não fiquei.

T: Você queria ficar?

P: Sim! Por minha irmã — senti que realmente a decepcionei. Eu queria estar lá por ela.

T: Então, enquanto a consequência de curto prazo de sair da festa foi se livrar da sua ansiedade, parece que também houve algumas outras consequências de longo prazo, certo?

P: Sim. Sinto que a decepcionei muito e sinto que perdi um dia importante para ela.

RESOLUÇÃO DE PROBLEMAS

Embora alguns pacientes possam ver como as emoções, mesmo as negativas, podem ser adaptativas, é possível que achem difícil identificar momentos em sua própria vida nos quais emoções negativas foram úteis. Se o seu paciente estiver com dificuldade em reconhecer exemplos em que emoções desconfortáveis foram adaptativas, você pode ajudá-lo a fazer essa conexão refletindo sobre exemplos de emoções que ele compartilhou com você durante a avaliação funcional inicial. Como mostrado na Vinheta #1, usar um exemplo concreto da própria experiência do paciente e guiá-lo passo a passo por esse exemplo pode ajudá-lo a identificar formas nas quais a resposta emocional inicial pode ter sido realmente adaptativa. Não é importante, nessa fase do tratamento, enfatizar a distinção entre os aspectos adaptativos e desadaptativos da experiência do seu paciente, nem é necessário distinguir seus pensamentos, sentimentos ou comportamentos específicos que podem ter sido reações desadaptativas. O objetivo principal é ajudar o paciente a desconstruir sua experiência para identificar em que ponto a resposta emocional pode ter sido funcional e adaptativa.

Para os pacientes que sentem que suas emoções simplesmente lhes "acontecem", ou surgem do nada, pode ser difícil reconhecer os gatilhos emocionais. Ajude-os usando exemplos de sua própria vida e trabalhando com eles para torná-los mais concretos e específicos. Por exemplo, se um paciente relata ter se sentido "mal" em determinado dia, ajude-o a identificar exemplos mais concretos de sua experiência perguntando o que ele estava fazendo em um momento específico, ou pedindo para relembrar quaisquer interações que possa ter tido com outras pessoas naquele dia. Use um desses cenários mais específicos para mapear o ARC da experiência do paciente. Lembre-se de que os "As" podem ser algo que aconteceu muito antes no dia, ou até mesmo na semana, e podem ser algo externo ou interno (p. ex., sentir-se cansado após uma noite ruim de sono). Peça ao paciente que descreva a experiência em detalhes e trabalhe com ele para reconstruí-la até que você consiga identificar os ARCs.

Da mesma forma, algumas pessoas têm muita dificuldade em reconhecer as consequências de sua experiência. Peça-lhes que identifiquem suas respostas ao gatilho emocional e como elas os fizeram se sentir imediatamente depois. Na maioria das vezes, os pacientes responderão que suas ações tiveram um efeito positivo, como o alívio da ansiedade. É importante validar esse resultado inicial, muitas vezes positivo, pois essa é a chave para entender melhor as respostas aprendidas e o reforço. Além disso, como o resultado geralmente é tão positivo, é difícil para alguns pacientes darem um passo além e identificarem maneiras pelas quais essas respostas aprendidas são negativas, ou, no mínimo, servem para perpetuar seus sintomas. Às vezes, ao identificar o que valoriza (como ser uma irmã solidária na Vinheta #4), o paciente consegue entender como sua resposta às emoções o afasta de buscar esse valor em longo prazo. É essencial que os pacientes compreendam esses conceitos, pois servem para explicar por que a atração para se engajar na evitação emocional é tão forte e ilustrar por que essa abordagem não está necessariamente funcionando para eles.

8

Módulo 3: Atenção plena às emoções

(Corresponde ao Capítulo 7 do Manual do Paciente)

VISÃO GERAL

O objetivo do Módulo 3 é apresentar aos pacientes o cultivo de uma postura não julgadora, focada no presente, em relação às suas experiências emocionais. O módulo anterior pediu aos pacientes que monitorassem suas emoções ao longo do tempo. Este módulo expande esse trabalho, encorajando-os a incorporarem a atenção plena, que vai além de simplesmente prestar atenção a essas experiências. Os princípios de *mindfulness* (atenção plena) estão em total consonância com o objetivo geral do Protocolo Unificado (PU) — desenvolver uma relação mais aberta e orientada para o enfrentamento das emoções.

Nota do terapeuta

Este módulo é mais bem administrado em duas ou mais sessões. A primeira sessão geralmente é dedicada a fornecer psicoeducação sobre a definição de atenção plena às emoções, seguida de um exercício de meditação durante a sessão que permite aos pacientes vivenciarem os princípios de mindfulness *na prática. Na segunda sessão deste módulo, após uma semana de prática diária de meditação, os pacientes são solicitados a praticarem a aplicação da atenção plena no contexto de uma emoção induzida. Eles também recebem orientações sobre como aplicar os princípios da atenção plena às emoções a experiências emocionais diárias, ocorrendo em tempo real. Uma estrutura alternativa de sessão para este módulo pode ser encontrada na seção de Resolução de problemas no final deste capítulo.*

OBJETIVOS DO MÓDULO

- Ajudar os pacientes a aprenderem a observar suas experiências emocionais de maneira objetiva e sem julgamentos.
- Trabalhar com os pacientes no desenvolvimento de habilidades para observar experiências emocionais no contexto do momento presente.
- Auxiliar os pacientes a aplicarem a *atenção plena às emoções* às experiências emocionais diárias.

MATERIAIS NECESSÁRIOS

- Arquivo de música ou CD.
- Fones de ouvido, computador com alto-falantes ou estéreo.
- **Formulário de Atenção Plena às Emoções** localizado no final do Capítulo 7 do Manual do Paciente.

REVISÃO DAS TAREFAS

Assim como nas sessões anteriores, geralmente começamos com a revisão das tarefas do paciente. Nesse caso, um ou mais **Formulários Seguindo seu ARC** devem ter sido preenchidos. Comece pedindo ao paciente para descrever alguns dos antecedentes que desencadearam experiências emocionais na última semana, incentivando-o a identificar padrões. Você pode ajudá-lo a perceber semelhanças entre seus antecedentes; por exemplo, você pode dizer algo como: "Parece que alguns de seus gatilhos ocorrem em casa com sua família e outros acontecem no trabalho. Embora pareçam diferentes na superfície, todos são caracterizados pela sensação de estar encurralado por prazos curtos".

A quantidade de tempo da sessão dedicada à parte "R" do **Formulário Seguindo seu ARC** dependerá de como você apresentou os dois capítulos de Compreensão das emoções do Manual do Paciente (Capítulo 5 — o que é emoção? e Capítulo 6 — seguindo o ARC) em uma ou duas sessões. Se você cobriu ambos os capítulos em uma única sessão, pode querer passar um pouco mais de tempo ajudando os pacientes a entenderem como seus pensamentos, sensações físicas e comportamentos influenciam uns aos outros. Contudo, se você dividiu o material desses capítulos em duas sessões, provavelmente já revisou essa informação em detalhes suficientes durante a revisão das tarefas da sessão anterior (usando o **Formulário do Modelo de Três Componentes das Emoções**). Nesse caso, geralmente passamos menos tempo revisando o "R" no **Formulário Seguindo seu ARC**. A parte final do **Formulário Seguindo seu ARC** a ser revisada com o paciente é a identificação das consequências que ocorrem como resultado de suas respostas emocionais. Incentive-o a examinar tanto as consequências de curto quanto as de longo prazo. Essa parte da tarefa enfatiza a justificativa para este tratamento — estratégias de curto prazo que afastam as emoções estão, na verdade, levando a emoções *ainda mais* difíceis em longo prazo. Esse conceito é essencial para estabelecer o "engajamento" no programa de tratamento. Se o paciente estiver com dificuldades para preencher o **Formulário Seguindo seu ARC**, pode ser útil revisar os conceitos-chave das últimas duas sessões.

INTRODUÇÃO À ATENÇÃO PLENA ÀS EMOÇÕES

Neste módulo, você introduzirá o conceito de *atenção plena às emoções*. O módulo anterior (Compreensão das emoções) focou em como as experiências emocionais se desenrolam ao longo do tempo, incluindo os antecedentes; as interações entre pensamentos, sensações físicas e comportamentos (coletivamente referidos como resposta emocional); e as consequências. Este módulo expandirá esse trabalho discutindo uma qualidade particular de consciência que o paciente pode aplicar às suas experiências emocionais. A *atenção plena às emoções* refere-se a abordar as emoções de forma não julgadora, focada no presente. Essa é uma habilidade importante para o paciente adquirir no início do tratamento e facilitará a aquisição dos conceitos posteriores do programa.

Consciência não julgadora das emoções

Muitas vezes, os pacientes reagem às suas emoções com um tom avaliativo, crítico ou julgador. Pessoas que experimentam transtornos emocionais com frequência se julgam simplesmente por terem reações emocionais a situações em sua vida. Isso pode envolver dizerem a si mesmas: "Eu não deveria estar me sentindo assim" ou "Ninguém mais está reagindo assim". Os pacientes também se julgam por não sentirem as emoções com a intensidade que gostariam ("Por que eu não estou mais feliz com isso — deve haver algo errado comigo", "Eu deveria estar mais bravo com esse problema — sou tão fraco"). Eles acreditam erroneamente que se punirem por terem uma determinada resposta emocional (ou pela falta dela) os fará sentirem da maneira que acham que "deveriam". Aqui, é importante destacar como essa abordagem de gerenciamento das emoções não funciona. Por exemplo, você pode lembrar ao paciente que as emoções são normais, naturais e estão programadas em nós, então é impossível mudar completamente nossas emoções quando a situação exige.

Outra maneira de os pacientes se mostrarem julgadores é reagirem negativamente a partes específicas de suas experiências emocionais; em outras palavras, eles podem acreditar que os pensamentos, as sensações físicas e os comportamentos que experimentam são ruins de alguma forma. Por exemplo, pacientes com transtorno de pânico provavelmente dizem a si mesmos que é desconfortável demais lidar com o coração acelerado e o rubor na face. Ou pacientes com transtorno obsessivo-compulsivo podem acreditar que terem pensamentos sobre algo ruim acontecendo a um ente querido (p. ex., sofrer um acidente de carro) significa que esse evento é mais provável de ocorrer. Outros pacientes podem pensar que são mais propensos a perderem o controle se estiverem sentindo uma emoção específica (como raiva).

Nota do terapeuta

Você pode ilustrar as consequências das respostas julgadoras às emoções guiando os pacientes por um exemplo hipotético e universal. Por exemplo, muitas vezes pedimos aos pacientes que imaginem quais emoções poderiam sentir antes de fazerem uma apresentação. A maioria indica que sentiria pelo menos um pouco de nervosismo. Em seguida, pedimos que imaginem o que aconteceria se reagissem a esse nervosismo de forma julgadora (p. ex., "É estúpido me sentir assim por causa de uma apresentação tão pequena", "Ninguém mais reage assim"). Novamente, a maioria consegue articular que colocar pressão sobre si mesmos para sentir algo diferente aumenta sua ansiedade e pode gerar emoções adicionais (p. ex., sentir culpa ou raiva de si mesmos). Finalmente, depois de usar esse exemplo genérico para ilustrar as consequências de julgar negativamente as experiências emocionais, pedimos aos pacientes que forneçam exemplos pessoais de momentos em que reações julgadoras podem ter influenciado suas próprias emoções.

Em contrapartida, a conscientização não julgadora significa aceitar as experiências emocionais como elas são, em vez de rotulá-las como problemáticas e tentar imediatamente afastá-las. É importante apontar que aceitar as emoções não significa resignar-se a sentir desconforto. Em vez disso, incentive-os a reconhecerem que suas emoções, mesmo as difíceis, estão tentando lhes dizer algo. O objetivo aqui é ajudar os pacientes a superarem sua reação imediata de mudar como estão se sentindo, permitindo que respondam às suas emoções de maneira mais reflexiva.

Nota do terapeuta

Para ilustrar uma abordagem não julgadora das experiências emocionais, pode ser útil pedir ao paciente que imagine como responderia a um amigo que revelasse estar experimentando uma emoção particularmente desconfortável, como tristeza. Muitas vezes, é muito mais fácil fornecer uma resposta compassiva aos nossos amigos do que a nós mesmos.

Você também pode fornecer aos pacientes um modelo da linguagem que podem usar para não julgarem suas respostas emocionais. Por exemplo, você pode orientar os pacientes a algo como: "Dadas as minhas experiências, faz sentido eu estar me sentindo assim". Claro, você pode adaptar essa linguagem à situação pessoal do paciente (p. ex., "Faz sentido que você fique mais ansioso quando as pessoas elevam a voz, dado que você cresceu em um lar com violência doméstica").

Atenção plena às emoções focada no presente

Além de enfatizar a importância de adotar uma postura não julgadora em relação às experiências emocionais, a atenção plena (*mindfulness*) também inclui estar ancorado no momento presente. Muitas vezes, as reações emocionais são baseadas em memórias e associações com situações passadas e/ou em antecipações de possíveis consequências futuras. Os pacientes podem não estar prestando atenção suficiente ao contexto atual em que suas emoções estão ocorrendo e, assim, podem perder informações corretivas valiosas. Por exemplo, uma paciente com transtorno de pânico que experimenta tontura pode se concentrar no fato de que, da última vez que teve essa sensação física, sofreu um ataque de pânico completo (passado). Ela também pode estar focada no ataque de pânico iminente que acredita que "inevitavelmente" seguirá a sensação física (futuro). A paciente não foca nas informações corretivas que estão ocorrendo no aqui e agora: ou seja, que ela não está tendo um ataque de pânico no momento. De forma semelhante, um paciente com transtorno de ansiedade generalizada pode estar tão focado em um resultado potencialmente catastrófico no futuro, como ficar desamparado e sozinho, que perde de vista o fato de que, naquele momento, ele não está desamparado nem sozinho e tem, na verdade, sobrevivido muito bem. Da mesma forma, uma paciente com depressão pode comparar sua experiência atual a tempos melhores (passado) ou antecipar que não terá uma boa experiência ao participar de um evento social (futuro) e decidir não ir. Focar nas demandas do momento presente pode fazer uma situação emocional parecer mais gerenciável. Além disso, a atenção focada no presente pode ser usada para trazer mais atenção às emoções positivas.

> **Nota do terapeuta**
>
> *Aqui você pode retornar ao exemplo fornecido anteriormente para ilustrar as consequências das reações julgadoras às emoções; no entanto, nesse caso, enfatizamos como focar no passado e no futuro pode influenciar uma resposta emocional. Usando o exemplo de uma apresentação, perguntamos aos pacientes: "O que aconteceria com o seu nervosismo se você começasse a pensar nas formas como você errou (p. ex., perdeu o fio da meada, congelou) da última vez que fez um discurso?", "O que aconteceria com o seu nervosismo se você começasse a prever todas as formas pelas quais essa próxima apresentação poderia dar errado (p. ex., as pessoas vão ficar entediadas)?". Novamente, os pacientes geralmente conseguem entender que focar no passado e/ou no futuro (em vez de nas demandas da situação à sua frente) pode impactar a intensidade das emoções que experimentam.*

É claro que é importante enfatizar que aprendemos informações significativas com nossas experiências passadas e que focar no presente não significa simplesmente desconsiderar o que aconteceu antes. Da mesma forma, preparar-se para desafios que podem surgir no futuro também pode ser bastante útil e adaptativo. Em vez disso, estamos encorajando os pacientes a evitarem focar exclusivamente no passado ou no futuro *às custas de* (ou ignorando) o que está bem à sua frente, particularmente em situações emocionais.

PRATICANDO A ATENÇÃO PLENA ÀS EMOÇÕES

A *atenção plena às emoções* é uma habilidade que é mais bem compreendida por meio da experiência. Embora os pacientes possam reconhecer prontamente suas vantagens teóricas, é necessário colocar esses conceitos (não julgamento e foco no presente) em prática para realmente compreendê-los. Este módulo inclui três exercícios destinados a ajudar os pacientes a desenvolverem uma postura consciente em relação às suas emoções. Primeiro, incluímos um breve exercício de meditação guiada (*meditação de atenção plena às emoções*) projetado para que os pacientes "molhem os pés" no que significa *mindfulness*; recomendamos que eles comecem completando essa tarefa enquanto estão em um humor neutro (ou próximo disso), pois é difícil aprender uma nova habilidade quando se está sentindo emoções muito fortes. O segundo exercício é *indução de humor consciente*, no qual a música é usada para trazer um estado emocional. É mais difícil ter uma atitude não julgadora e focada no presente quando se está sentindo uma emoção forte; então este exercício permite que os pacientes pratiquem essa habilidade em um contexto emocional controlado. Finalmente, o objetivo final dessa habilidade é responder de forma consciente quando as emoções surgem na vida cotidiana. O último exercício deste módulo, chamado *ancoragem no presente*, fornece aos pacientes instruções passo a passo para aplicarem a atenção consciente que têm praticado à medida que as emoções surgem naturalmente.

Nota do terapeuta

Para ajudar os pacientes a entenderem como os três exercícios incluídos neste módulo se encaixam, frequentemente usamos a analogia de "fortalecer um músculo". O primeiro exercício, a meditação de atenção plena às emoções, *pode ser descrito como um "peso de cinco quilos" — oferece uma certa resistência porque é um "movimento" novo, mas é um bom ponto de partida. A* indução de humor consciente *adiciona um pouco mais de resistência porque é mais difícil estar focado no presente e não julgar quando se está experimentando uma resposta emocional — chamamos esse exercício de nosso "peso de 10 quilos". Finalmente,* ancoragem no presente *é o objetivo final — é a aplicação no mundo real de toda essa prática.*

Meditação de atenção plena às emoções

Como mencionado, o primeiro exercício experiencial deste módulo se chama *meditação de atenção plena às emoções*. Seu objetivo é ajudar os pacientes a terem uma ideia melhor de como é a atenção não julgadora e focada no presente. Após definir a *atenção plena às emoções*, geralmente conduzimos os pacientes por uma meditação guiada seguindo o roteiro fornecido no Manual do Paciente. Pedimos que os pacientes sigam as instruções do roteiro, pois isso os ajudará a abordarem suas experiências emocionais de maneira objetiva e focada no presente. Após a conclusão da meditação, é importante discutir o exercício com o paciente.

Nota do terapeuta

O exercício de meditação guiada fornecido no manual incentiva os pacientes a aplicarem uma atenção focada no presente e sem julgamento aos três componentes de uma experiência emocional — pensamentos, sensações físicas e comportamentos/impulsos comportamentais. A seguir, estão algumas dicas para descrever como abordar de forma consciente cada componente, assim como as emoções de forma mais ampla. Costumamos incorporar esses pontos à discussão que se segue à meditação guiada.

- ***Pensamentos***: *lembre aos pacientes que seus pensamentos não são fatos. Incentive-os a notarem os pensamentos que surgem durante o exercício sem tomá-los como verdade absoluta e, consequentemente, sentirem-se obrigados a responder a eles. Para ilustrar esse ponto, pedimos aos pacientes que articulem a diferença entre dizer a si mesmos "Eu sou estúpido" e "Estou tendo o pensamento de que sou estúpido". O último é mais passível de questionamento, enquanto o primeiro soa mais como uma verdade incontestável.*
- ***Sensações físicas***: *os pacientes costumam usar uma linguagem julgadora para descrever as sensações físicas associadas às experiências emocionais (p. ex., "Isso é terrível", "Estou sufocando", "Meu coração não deveria estar acelerado"). Pedimos que usem uma linguagem mais neutra para descrever como estão se sentindo (p. ex., "Sinto um aperto no peito", "Minha frequência cardíaca aumentou um pouco") que se assemelhe à de um cientista registrando dados objetivos (ou "fatos" sobre a situação). Sensações físicas também tendem a evocar avaliações orientadas para o futuro (p. ex., "Esse sentimento vai piorar", "Vou me sentir assim para sempre"). Aqui, incentivamos os pacientes a se concentrarem no que estão sentindo no momento presente, enfatizando que prever resultados negativos no futuro quase certamente intensificará as sensações físicas que sentem agora.*
- ***Comportamentos/impulsos comportamentais***: *incentivamos os pacientes a observarem quaisquer comportamentos ou impulsos de agir que experimentem durante a meditação. Muitas vezes, os comportamentos são projetados para atenuarem a experiência emocional (interromper a prática, respirar fundo para reduzir a frequência cardíaca acelerada). Pedimos aos pacientes que observem esses impulsos sem agir de imediato, como uma forma de explorar o que acontece quando não afastam imediatamente as experiências emocionais.*
- ***Emoções***: *o roteiro da meditação compara emoções a ondas — a intensidade aumenta e atinge o ápice, apenas para depois diminuir. Para muitos de nossos pacientes, a primeira vez que eles se sentam com suas emoções o suficiente para verem esse processo acontecer é durante esse exercício. Após a meditação, perguntamos aos pacientes se as emoções permaneceram na mesma intensidade ao longo de toda a prática. Em geral, há oscilações, permitindo que os pacientes vejam que não precisam engajar-se em respostas evitativas imediatas para obterem alívio das experiências emocionais.*

A tarefa após essa primeira sessão é a prática diária do exercício de meditação; os pacientes podem baixar o arquivo de áudio (em inglês) na página do livro em loja.grupoa.com.br ou você pode gravar a leitura do roteiro e enviá-la por *e-mail* diretamente a eles. Pedimos aos pacientes que registrem suas experiências com essa prática no **Formulário de Atenção Plena às Emoções**. Eles devem anotar suas observações de pensamentos, sensações físicas e comportamentos/impulsos comportamentais (ligando-os de volta ao modelo de três componentes), bem como avaliar até que ponto conseguiram manter sua atenção no momento presente, de maneira não julgadora. É importante ressaltar que estamos apenas pedindo que os pacientes se comprometam com uma semana de prática diária; a meditação é uma ótima maneira de vivenciar o conceito de atenção plena, mas nosso objetivo final é aplicar a consciência não julgadora e focada no presente às experiências emocionais conforme se desenrolam em tempo real. Descobrimos que apresentar a meditação como um exercício de curto prazo a faz parecer menos assustadora para indivíduos que podem pensar que precisarão realizar esse exercício diariamente pelo resto de sua vida para verem o benefício. Claro, se os pacientes gostarem da meditação, os incentivamos a continuarem a utilizá-la.

Indução de humor consciente

Uma vez que o paciente tenha tido a oportunidade de praticar a consciência não julgadora e focada no presente usando a *meditação de atenção plena às emoções* (geralmente recomendamos uma semana de prática diária), é útil empregar essa mesma habilidade no contexto de uma experiência emocional. Descobrimos que ouvir música é uma maneira positiva de evocar experiências emocionais manejáveis durante a sessão. Você deve encorajar seus pacientes a escolherem músicas que sejam particularmente significativas para eles, bem como a experimentarem uma variedade de canções que possam evocar diferentes emoções. Muitas vezes, os pacientes já têm músicas pessoalmente relevantes baixadas em seus telefones, mas, se não tiverem, muitas estão disponíveis gratuitamente no YouTube ou em serviços de *streaming* e podem ser reproduzidas no seu computador ou celular. Se o paciente tiver dificuldade em escolher uma música, você pode sugerir as opções da lista disponível para *download* no *site* http://www.oup.com/us/ttw (em inglês). À medida que ouve cada música, incentive seus pacientes a tentarem manter uma postura não julgadora ("Faz sentido eu pensar no meu ex enquanto ouço essa música") e lembre-os de evitarem se deixar levar pelo passado ou pelo futuro ("Isso foi há muito tempo — eu fiz mudanças na minha vida desde que estive com essa pessoa"). Se os pacientes se deixarem levar por sua experiência emocional, você pode lembrá-los de usarem a respiração para ajudar a ancorá-los de volta ao momento presente. Ao final da música, auxilie os pacientes a evocarem pensamentos, sentimentos ou outras reações, ajudando-os a observarem essas reações de forma objetiva e não julgadora. Além das músicas, também utilizamos clipes de filmes que evocam emoções (geralmente do YouTube) e/ou imagens.

Na semana seguinte à sessão em que a *indução de humor consciente* é introduzida, incentivamos os participantes a ouvirem músicas que evoquem emoções fortes várias vezes, como uma forma de praticar a abordagem das emoções de maneira não julgadora e focada no presente.

Ancoragem no presente

O exercício final deste módulo envolve instigar os pacientes a incorporarem os princípios aprendidos na *meditação de atenção plena às emoções* e na *indução de humor consciente* em sua vida diária. Essa habilidade é chamada de *ancoragem no presente*, e o objetivo é que os pacientes "desacelerem" e percebam as emoções no momento presente, à medida que começam a crescer; em vez de apenas responderem de maneira reflexiva, pedimos que escolham deliberadamente uma resposta que seja consistente com o momento presente, e não guiada pelo passado ou pelo futuro.

No Manual do Paciente, descrevemos quatro etapas para a *ancoragem no presente*. A primeira é o paciente escolher um sinal que possa usar para puxar sua atenção de volta ao presente quando estiver se sentindo emocional. A respiração é um sinal útil porque está sempre conosco onde quer que estejamos, mas qualquer sensação concreta funcionará (p. ex., a sensação dos pés no chão). A próxima etapa é observar a resposta emocional de maneira não julgadora. Isso é chamado de "checagem de três pontos" e lembra os pacientes de avaliarem seus pensamentos, sensações físicas e comportamentos. Uma vez que eles se tornam mais conscientes de sua resposta emocional, podemos, então, pedir que considerem se essa resposta está consistente com as demandas do momento presente. Em outras palavras, pedimos aos pacientes que determinem se a intensidade de sua emoção está de acordo com o que está acontecendo no momento presente. Se descobrirem que a intensidade de sua emoção está sendo influenciada por pensamentos sobre o passado ou preocupações sobre o futuro, a última etapa é pedir que ajustem sua resposta para estar mais alinhada com o que está acontecendo no "aqui e agora". Para tarefa, pedimos aos pacientes que usem as etapas para a *ancoragem no presente* sempre que sentirem que uma resposta emocional está começando a crescer.

Nota do terapeuta

Pode ser útil fornecer um exemplo de como os pacientes podem usar a ancoragem no presente. *Por exemplo, muitas vezes descrevemos uma pessoa que, bem antes de sair de casa para um compromisso importante, está preocupada em encontrar uma vaga de estacionamento. Os pensamentos dessa pessoa provavelmente serão orientados para o futuro (p. ex., "Não vai haver vagas de estacionamento na rua. Vou me atrasar ou até mesmo perder meu compromisso"). Essas preocupações podem estar associadas a batimentos cardíacos acelerados, tensão muscular e comportamentos como andar de um lado para o outro enquanto revisa mentalmente todos os lugares com parquímetros próximos ao local do compromisso e o que pode fazer se não houver estacionamento disponível. Pedimos aos pacientes que considerem se essa resposta é consistente com as demandas do momento presente e, caso contrário, o que poderiam fazer em vez disso. Os pacientes geralmente conseguem refletir que, na verdade, não são capazes de saber como será a situação do estacionamento até chegarem ao destino e, portanto, provavelmente deveriam focar em tarefas que precisam ser feitas em casa (p. ex., almoçar, lavar roupa).*

Um de nossos pacientes começou a chamar essa habilidade de "avaliação de ameaça em tempo real". Ele havia assistido a muitos programas de TV policiais e sentiu que essa frase, tirada desses programas, realmente capturava o que ele estava fazendo ao usar a ancoragem no presente. *Em essência, estamos pedindo aos pacientes que verifiquem o que está acontecendo ao seu redor para avaliarem se suas emoções estão refletindo uma ameaça real ou um alarme falso. Gostamos tanto dessa expressão que começamos a usá-la com mais pacientes.*

TAREFAS

Os três exercícios descritos anteriormente podem ser praticados usando o **Formulário de Atenção Plena às Emoções**, localizado no final do Capítulo 7 do Manual do Paciente. Um exemplo de **Formulário de Atenção Plena às Emoções** preenchido pode ser encontrado no Apêndice B do Manual do Paciente. Conforme já mencionado (veja a *Nota do terapeuta* no início deste capítulo), este módulo é geralmente conduzido em duas sessões, e as tarefas referentes a cada sessão são as seguintes:

- **Tarefa da semana 1:** o paciente deve praticar o exercício guiado *meditação de atenção plena às emoções* uma vez por dia e registrar suas reações no **Formulário de Atenção Plena às Emoções**.

- **Tarefa da semana 2:** o paciente deve praticar a *indução de humor consciente* e registrar suas experiências no **Formulário de Atenção Plena às Emoções.** O mesmo formulário também é usado para praticar a habilidade de *ancoragem no presente*, o que deve ser feito sempre que uma experiência emocional começar a crescer. Finalmente, se o paciente desejar continuar a *meditação de atenção plena às emoções*, ele pode seguir registrando suas respostas no **Formulário de Atenção Plena às Emoções.**
- Instrua o paciente a continuar monitorando o progresso completando as **Escalas de Ansiedade** e **de Depressão** (bem como **Escalas de Outras Emoções** e **de Emoções Positivas**, caso as esteja utilizando) e registrando suas pontuações no **Registro de Progresso.**

VINHETAS

Vinheta #1

A seguir, um diálogo entre terapeuta e paciente, no qual o terapeuta aborda as preocupações do paciente em relação à *atenção plena às emoções.*

P: Isso parece um pouco "nova era". Eu não sou muito chegado a esse tipo de coisa.

T: Você está certo — a meditação de atenção plena tem suas raízes em práticas como o Budismo, e isso pode parecer desconfortável para algumas pessoas. Lembre-se de que não estou pedindo que você se torne budista ou mesmo um meditador formal. Em vez disso, estou tentando extrair os princípios da atenção plena que ajudam as pessoas a lidarem melhor com suas emoções. Fazer esses exercícios formais de atenção plena agora permite que você pratique como é observar suas emoções de maneira não julgadora e focada no presente. Muitas pessoas acham essa uma ferramenta útil para lidar com experiências emocionais desconfortáveis quando elas surgem naturalmente.

Vinheta #2

No diálogo seguinte entre terapeuta e paciente, o terapeuta tenta abordar as preocupações da paciente sobre estar mais presente com suas experiências emocionais.

P: Eu não gosto de ficar parada — isso me deixa mais ansiosa.

T: Me conte mais — o que acontece quando você fica parada?

P: Não sei — eu só sinto que deveria estar fazendo alguma coisa. Sinto que, se eu parar de pensar em tudo o que preciso fazer, meu dia vai desmoronar. Também tenho medo de começar a pensar em coisas nas quais realmente não gostaria de pensar.

T: Então, ao ficar parada e focar no presente, você tem medo de perder o controle sobre as coisas que deveriam acontecer hoje e de talvez começar a pensar em coisas do passado?

P: Sim, e isso só me deixa ainda mais ansiosa.

T: Me diga o que você está pensando sobre as coisas que precisa fazer mais tarde.

P: Bem, estou preocupada que vou me atrasar para minha consulta médica e que não vou devolver o carro ao meu marido a tempo hoje à tarde. Se eu não conseguir levar o carro para ele, ele vai se atrasar para a reunião, e isso seria muito ruim.

T: E onde você está agora?

P: Estou aqui, neste consultório.

T: Você está atrasada neste momento?

P: Não, a menos que a gente ultrapasse o tempo.

T: Estamos ultrapassando o tempo?

P: Bem, agora não.

T: Então, você não está atrasada para nada no momento, mas está focada na possibilidade de que poderá se atrasar mais tarde. Como focar na possibilidade de se atrasar mais tarde faz você se sentir?

P: Ansiosa!

T: E quanto à informação de que, neste momento, você não está atrasada?

P: Bem, muito menos ansiosa. Mas ainda posso me atrasar depois!

T: Pensar sobre se atrasar mais tarde ou perceber que você não está atrasada agora muda o que vai acontecer daqui a três horas?

P: Não sei — depende do que acontecer mais tarde!

T: Exatamente! A questão é que você não tem como saber exatamente o que pode acontecer mais tarde. Você pode pegar trânsito, ou sua consulta médica pode se estender. Ou, como alternativa, você pode descobrir que as estradas estão livres e que sua consulta dura apenas 15 minutos em vez dos 30 minutos programados. Em outras palavras, você simplesmente não sabe. A única coisa que você sabe com certeza é que você está neste consultório agora, e no momento não está atrasada para nada. Isso significa que a única diferença entre se preocupar com o futuro e prestar atenção no momento presente é que uma coisa deixa você muito ansiosa e a outra deixa você menos ansiosa. Como se preocupar em se atrasar mais tarde hoje à tarde faz você se sentir fisicamente?

P: Agitada, tensa, estressada!

T: E quanto à ideia de que você não está atrasada agora?

P: Bem, um pouco menos tensa.

T: Então, ficar parada e observar sua experiência no momento presente não significa tentar fingir que você não está preocupada com o que vai acontecer mais tarde ou tentar não pensar sobre memórias do passado. Em vez disso, ficar parada e observar sua experiência significa perceber de maneira objetiva e curiosa que seus pensamentos estão focados em eventos negativos que podem ou não acontecer no futuro. Isso também permite que você note que esses pensamentos fazem você se sentir tensa e ansiosa e a levam a ter impulsos para interromper a prática.

Vinheta #3

Na vinheta a seguir, o terapeuta aborda a percepção do paciente de que não está conseguindo praticar com sucesso a *atenção plena às emoções*.

P: Eu acho que não estou fazendo isso certo. Não consigo me concentrar e não consigo parar de pensar!

T: Não existe um jeito certo ou errado de praticar a *atenção plena às emoções*. O objetivo aqui é perceber nossas próprias experiências — então, se você perceber que tem muitos pensamentos passando pela sua mente, quer dizer que está fazendo isso certo! Agora, só precisamos que você pratique ser mais gentil consigo mesmo quando perceber que sua mente está divagando. Você tem muitas coisas acontecendo agora, então é natural que esteja pensando em muitos tópicos. Se você notar que está se deixando levar por um tópico específico — talvez voltando-se ao passado ou ao futuro —, tente retornar e se ancorar no presente. Você pode perceber que seus pensamentos o levam embora cem vezes, mas você também pode retornar cem vezes — com o tempo, isso fica mais fácil. Novamente, o simples fato de que você percebe que está sendo levado pelos pensamentos significa que está observando sua experiência com sucesso.

RESOLUÇÃO DE PROBLEMAS

Alguns pacientes podem ser resistentes à ideia da *atenção plena às emoções*, achando-a difícil ou até "forçada", como ilustrado na Vinheta #1. Outros podem achar a habilidade insatisfatória, já que observar sua experiência sem julgamentos pode não parecer "fazer o suficiente" para lidar com seus sintomas. Nesse caso, é importante reiterar a justificativa por trás da prática de uma consciência não julgadora e focada no presente, para garantir que os pacientes compreendam completamente. No PU, a *atenção plena às emoções* é uma habilidade fundamental que aprimora a capacidade do paciente de progredir no restante do tratamento. Ser capaz de observar suas experiências de forma objetiva lhe dará espaço para fazer mudanças deliberadas em como responde a seus pensamentos, suas sensações físicas e seus comportamentos, utilizando habilidades subsequentes.

Às vezes, pacientes com certos sintomas (p. ex., transtornos relacionados a trauma, transtorno de pânico severo) ou comorbidades específicas (p. ex., dor crônica) têm muita dificuldade em completar a *meditação da atenção plena às emoções*. Dada a natureza de seus sintomas, raramente há um momento em que estejam com um humor suficientemente neutro para usar esse exercício como forma de estabelecer uma linha de base do que é a atenção plena. Nesses casos, em geral começamos com a *indução de humor consciente* ou outro estímulo concreto (p. ex., meditação sentada focando no barulho ao redor, meditação caminhando). Trabalhamos progressivamente para trazer o foco da meditação aos estímulos emocionais internos, com o objetivo final de conseguir que os pacientes permaneçam sentados com suas experiências emocionais. Você deve usar sua conceitualização do caso a fim de determinar qual exercício pode ser mais neutro para demonstrar a habilidade, com o objetivo de progredir para aqueles que possam gerar mais desconforto.

Em uma nota relacionada, se os pacientes não conseguirem ou não estiverem dispostos a fecharem os olhos durante a *meditação da atenção plena às emoções* ou a *indução de humor consciente*, pode ser útil pedir que escolham um ponto no chão ou na parede à sua frente para focarem o olhar.

9

Módulo 4: Flexibilidade cognitiva

(Corresponde ao Capítulo 8 do Manual do Paciente)

VISÃO GERAL

O Módulo 4 foca em um componente muito importante das experiências emocionais: os pensamentos. Especificamente, você trabalhará com o paciente para desenvolver uma maior conscientização sobre como seus pensamentos (ou interpretações) influenciam as emoções, aprender a identificar seus padrões de pensamentos negativos e aumentar a flexibilidade ao interpretar diferentes situações. Os conceitos introduzidos neste capítulo têm como objetivo facilitar a capacidade dos pacientes de enfrentarem situações que provocam emoções e de responderem a elas de maneiras mais úteis e adaptativas.

Nota do terapeuta

Em geral, este módulo é administrado em duas ou mais sessões. A primeira costuma ser dedicada à discussão do papel dos pensamentos nas experiências emocionais, seguida pela introdução do conceito de padrões de pensamentos automáticos e pela apresentação de duas "armadilhas do pensamento" comuns. A segunda sessão é geralmente focada na prática de uma habilidade para gerar pensamentos ou interpretações alternativos sobre situações que provocam emoções. Os pacientes recebem uma lista de perguntas específicas para ajudá-los a formularem as interpretações alternativas, idealmente mais adaptativas e focadas no presente. A seção de resolução de problemas contém instruções para lidar com pensamentos automáticos nucleares (ou seja, crenças centrais), o que pode ser útil se os pacientes estiverem com dificuldades em usar a habilidade de flexibilidade cognitiva, além de outras barreiras comumente encontradas.

OBJETIVOS DO MÓDULO

- Explicar a relação recíproca entre pensamentos e emoções.
- Introduzir o conceito de pensamentos automáticos.
- Introduzir e ajudar os pacientes a identificarem armadilhas do pensamento comuns.
- Introduzir e ajudar os pacientes a aumentarem a flexibilidade nos pensamentos.

MATERIAIS NECESSÁRIOS

- **Imagem Ambígua** (Figura 8.2) no Capítulo 8 do Manual do Paciente.
- **Formulário de Prática de Flexibilidade Cognitiva** localizado no final do Capítulo 8 do Manual do Paciente.
- **Formulário da Seta Descendente** (quando necessário) localizado no final do Capítulo 8 do Manual do Paciente.

REVISÃO DAS TAREFAS

Como em todas as sessões do tratamento, geralmente começamos revisando as tarefas. Nesse caso, concentre-se no(s) **Formulário(s) de Atenção Plena às Emoções** do paciente. Ele conseguiu praticar a consciência focada no presente e sem julgamentos por meio da *meditação formal de atenção plena às emoções*, da *indução de humor consciente* e dos exercícios de *ancoragem no presente* na vida diária? Ele conseguiu notar pensamentos, sensações físicas e comportamentos/impulsos comportamentais que surgiram durante esses exercícios? Se o paciente teve dificuldade de completar ou se frustrou durante esses exercícios, normalize a ideia de que a *atenção plena às emoções* pode ser uma habilidade difícil de desenvolver. Muitas vezes, requer prática repetida por um período prolongado. Se os pacientes parecem estar com dificuldades na atenção plena às emoções especificamente, pode ser útil ajudá-los a praticarem essa habilidade engajando-se em um exercício durante a sessão, em que realizam uma tarefa cotidiana menos propensa a provocar emoções intensas (p. ex., comer um lanche, beber uma xícara de chá). O objetivo aqui é focar na experiência sensorial dessa tarefa (p. ex., qual é o cheiro, qual é o gosto, qual é a textura). Isso pode ajudar o paciente a ter uma melhor noção do que buscar em termos de praticar a consciência sem julgamentos e focada no presente de suas experiências *emocionais*.

INTRODUÇÃO À FLEXIBILIDADE COGNITIVA

Neste módulo, você apresentará o conceito de *flexibilidade cognitiva*. O capítulo anterior foi focado no desenvolvimento da consciência plena das experiências emocionais. Os pacientes praticaram prestar atenção em todos os aspectos de suas emoções (incluindo pensamentos, sensações físicas e comportamentos) de forma não julgadora e focada no presente. A habilidade apresentada neste capítulo tem como alvo um componente muito importante de toda experiência emocional: os pensamentos. Uma habilidade específica para lidar com padrões de pensamento automáticos e negativos será introduzida, que visa a ajudar os pacientes a se tornarem mais flexíveis em seus pensamentos (ou interpretações) sobre e durante as situações que provocam emoções. A *flexibilidade cognitiva* ajudará o paciente a estar mais bem preparado para enfrentar emoções intensas e responder de forma mais adaptativa a elas, reduzindo, assim, a frequência e a intensidade das emoções negativas ao longo do tempo.

A IMPORTÂNCIA DOS PENSAMENTOS

Nossos pensamentos (ou interpretações) tendem a ajudar a determinar os tipos de emoções experimentadas em resposta a determinada situação. Ao enfatizar que a forma como pensamos sobre (ou interpretamos) as situações influencia nosso estado emocional ou humor, a justificativa para ensinar uma habilidade dedicada aos padrões de pensamento se torna clara. Ao discutir esse ponto, achamos útil pedir aos pacientes que tragam um ou dois exemplos de sua vida em que a forma como pensaram ou interpretaram um acontecimento influenciou como se sentiram. Essa discussão também oferece a oportunidade de modelar a conscientização e a aceitação sem julgamento das emoções, validando as reações emocionais do paciente (p. ex., "Claro que você sentiria [Y] se interpretasse a situação dessa forma"; "É natural sentir [Y] se [X] for verdade").

Nota do terapeuta

Se o paciente estiver com dificuldade para encontrar um exemplo pessoalmente relevante de seu estado emocional influenciando suas interpretações de uma situação, você pode sugerir o seguinte cenário: ele está andando pela rua e vê um velho amigo que não encontra há algum tempo. Ele acena para essa pessoa, mas ela não acena de volta. Se o paciente pensar: "Ela me ignorou", como essa interpretação o faria se sentir? Provavelmente triste, culpado, envergonhado ou solitário. Mas e se ele pensar: "Ela deve não ter me visto"? Provavelmente teria uma sensação mais neutra.

As emoções também podem influenciar os tipos de pensamentos que temos (ou as interpretações que fazemos) em determinada situação. Também achamos útil pedir aos pacientes que descrevam como humores ou sentimentos podem levá-los a avaliarem de forma diferente um acontecimento recente que enfrentaram (p. ex., "Se você sentisse [Y], como acha que interpretaria essa situação?"). Você também poderia pedir ao paciente para discutir como diferentes tipos de emoções (ou seja, medo, ansiedade, tristeza, raiva) podem influenciar seus pensamentos ou interpretações. Achamos que essa discussão ajuda ainda mais os pacientes a entenderem como seus sentimentos ou estados de humor podem ajudar a determinar como pensam sobre (ou interpretam) as situações. Essa discussão em geral leva naturalmente à introdução do próximo conceito-chave: *padrões de pensamentos automáticos*.

Nota do terapeuta

Se o paciente tiver dificuldade em apresentar seu próprio exemplo, considere fornecer o mesmo exemplo de acenar para um velho amigo na rua. Você pode pedir ao paciente que imagine que, logo antes de ver esse amigo, ele teria recebido uma notícia muito ruim — como ter falhado em um teste crucial ou ter sido demitido do emprego — e estava se sentindo triste, ansioso ou com raiva. Ao se sentir assim, como ele provavelmente interpretaria o fato de o amigo não acenar de volta? Provavelmente de maneira negativa, como se essa pessoa o estivesse ignorando ou como se isso significasse algo negativo sobre a amizade ou sobre seu próprio valor, o que, é claro, intensificaria seus sentimentos negativos. Mas e se ele tivesse acabado de receber uma notícia muito boa — como sentir mais alegria afetaria sua interpretação do fato de a pessoa não acenar de volta? Talvez ele estivesse mais inclinado a acreditar em (ou pelo menos considerar) uma possibilidade mais neutra, como o amigo não o ter visto ou que isso não fosse tão importante.

PADRÕES DE PENSAMENTOS AUTOMÁTICOS

Quase sempre há muitas maneiras diferentes de interpretar uma situação ou evento. Em cada situação, há uma grande quantidade de diferentes aspectos (ou estímulos) nos quais uma pessoa pode prestar atenção ou se concentrar. É assim que a mente humana funciona — atuando como um filtro ao focar em certos aspectos de um fato e atribuir significado a eles, a fim de aumentar a eficiência e a velocidade da resposta àquela circunstância. Experiências do passado também nos ajudam a interpretar situações atuais, e essas interpretações são usadas para projetar o que pode acontecer no futuro. É importante transmitir que esse tipo de *pensamento automático* muitas vezes acontece sem que a pessoa tenha consciência disso.

Exercício da Imagem Ambígua

O *Exercício da Imagem Ambígua* pode ser usado para mostrar os *pensamentos automáticos* em ação. Primeiro, apresente a imagem ambígua (Figura 8.2 no Manual do Paciente) ao paciente. Após aproximadamente 10 segundos, retire-a e pergunte a ele sua interpretação inicial do que está acontecendo na cena. Depois de identificar a interpretação inicial (ou automática), considere pedir ao paciente que tente nomear os aspectos específicos da imagem (como um objeto ou expressão facial em particular) que podem tê-lo levado a essa análise automática. Você também pode perguntar se alguma memória ou experiência passada pode ter influenciado a perspectiva inicial da imagem. Depois de passar algum tempo discutindo sobre isso, devolva a imagem ao paciente e peça que ele tente gerar interpretações alternativas sobre o que pode estar acontecendo nela.

Nota do terapeuta

Durante o Exercício da Imagem Ambígua, incentive os pacientes a gerarem o maior número possível de interpretações alternativas, mesmo que algumas pareçam menos plausíveis. Alguns pacientes têm dificuldade com isso. Pode ser útil validar que pensar em outras opções talvez seja difícil no início, mas que, com a prática, torna-se mais fácil e pode vir a ser "natural". Você também pode observar que não há resposta certa e que o propósito do exercício não é mudar as interpretações para que sejam mais "adequadas" ou "melhores", nem chegar à alguma "correta". O propósito é mostrar que, apesar da rapidez com que geramos interpretações iniciais, outras são possíveis.

O ponto principal a ser enfatizado com o *Exercício da Imagem Ambígua* é que tendemos a interpretar as situações rapidamente e, às vezes, até sem estarmos conscientes. Esse processo geralmente ocorre como resultado de nos concentrarmos em aspectos específicos da situação e filtrarmos outras partes. Uma vez que chegamos à nossa primeira interpretação, pode ser difícil recuar e ver outras possibilidades, sobretudo quando estamos experimentando uma emoção intensa. No entanto, quase sempre há outras interpretações possíveis de uma determinada situação.

Nota do terapeuta

O Exercício da Imagem Ambígua também pode ser usado para demonstrar o ponto discutido na seção anterior — como pensamos afeta como nos sentimos, e vice-versa. Isso pode ser feito pedindo aos pacientes que descrevam como várias interpretações desencadeariam certos estados emocionais (p. ex., "Como a interpretação X fez ou faria você se sentir?") e como certos sentimentos podem influenciar suas interpretações (p. ex., "Como sentir-se [ansioso, triste, com raiva, neutro, alegre] influenciaria suas interpretações?").

Os pensamentos automáticos nos ajudam a filtrar nossas experiências e responder rapidamente e de forma eficiente às situações. Em algumas delas, é adaptativo focar em algumas informações-chave e excluir informações ou evidências adicionais para que possamos responder logo. Com o tempo, os indivíduos muitas vezes desenvolvem uma maneira ou estilo particular de avaliar os fatos. Pesquisas descobriram que pessoas com transtornos emocionais tendem a se apegar a interpretações mais negativas e pessimistas. Pode ser útil usar a interpretação inicial que o paciente faz da imagem ambígua para ilustrar esse ponto, ou você pode usar um exemplo pessoalmente relevante discutido na seção anterior. Essa questão prepara o terreno para o próximo conceito-chave: *armadilhas do pensamento.*

ARMADILHAS DO PENSAMENTO

Apegar-se a uma única interpretação (ou tipo de interpretação) de uma situação ou evento repetidamente pode criar um poderoso atalho mental e começar a excluir outras maneiras de pensar ou interpretar o fato. Embora filtrar informações desnecessárias seja adaptativo e útil, isso pode se tornar problemático quando uma pessoa continua a selecionar informações adicionais e excluir outras possíveis interpretações mais realistas da situação. Esse filtro pode levar ao aumento das emoções negativas e, por sua vez, a pensamentos mais negativos e julgamentos sobre si mesmo e o mundo. Assim, tanto os pensamentos automáticos quanto as emoções mantêm esse ciclo — nossos pensamentos influenciam como nos sentimos, e nossos sentimentos influenciam as interpretações futuras que fazemos.

Dois padrões comuns de pensamentos automáticos (ou armadilhas do pensamento) frequentemente encontrados em indivíduos com transtornos emocionais são *conclusões precipitadas* (ou *superestimar a probabilidade*) e *pensar no pior* (ou *catastrofizar*). Pode ser interessante usar exemplos da vida diária do paciente para identificar possíveis armadilhas do pensamento; um bom ponto de partida para isso é examinar os **Formulários Seguindo seu ARC** já preenchidos. Tente obter exemplos específicos de interpretações que possam ser rígidas ou problemáticas, em que o pensamento se concentre em um aspecto ou interpretação de uma situação que pode não ser útil em longo prazo. Também achamos proveitoso tentar identificar as interpretações automáticas dos pacientes que são adaptativas — aquelas que filtram informações verdadeiramente desnecessárias e se concentram em motivar os pacientes a lidarem com um problema ou tarefa específica. No entanto, tendemos a passar mais tempo discutindo os pensamentos automáticos que atrapalham o funcionamento.

Nota do terapeuta

"Conclusões precipitadas" ocorrem quando os pacientes tiram conclusões (ou superestimam a probabilidade) de que um resultado negativo ocorrerá, mesmo com pouca ou nenhuma evidência. Eles também podem ignorar evidências que sugerem uma possibilidade diferente. "Pensar no pior" é quando os pacientes automaticamente preveem que o pior cenário possível vai acontecer e que, se/quando acontecer, eles serão incapazes de lidar com isso. Embora haja uma distinção entre essas duas armadilhas do pensamento, tendemos a enfatizar que a maioria dos pensamentos automáticos negativos pode ser considerada de ambos os tipos de armadilhas, e não é tão importante determinar se um pensamento específico é uma armadilha ou outra.

O problema com as armadilhas do pensamento é que elas nos impedem de reconhecer uma gama de diferentes interpretações ou de considerar o contexto em que algo ocorre. Ao cair repetidamente nessas armadilhas, é mais provável que respondamos de maneiras desadaptativas e evitativas à experiência das emoções negativas. Com o tempo, isso mantém o ciclo de emoções negativas frequentes e intensas e os sintomas dos transtornos emocionais. Depois de introduzir as armadilhas do pensamento, peça aos pacientes que comecem a perceber quando podem estar caindo em uma delas em sua vida diária.

Nota do terapeuta

É comum que os pacientes se julguem ou culpem a si mesmos pelas interpretações automáticas que fazem. Isso pode criar uma barreira para gerar flexibilidade no pensamento, pois quanto mais eles se culpam, mais afeto negativo experimentam em resposta aos pensamentos e, por sua vez, mais pensamentos negativos têm. É importante ajudar os pacientes a praticarem a consciência dos pensamentos automáticos de maneira não julgadora, percebendo o pensamento e permitindo que ele passe por sua mente (em consonância com a prática da atenção plena às emoções), em vez de se apegarem a ele como a única maneira de considerar a situação e "seguir" essa interpretação. O objetivo é estar ciente da armadilha do pensamento e considerá-la dentro do contexto da emoção que está sendo experimentada, não como a única verdade, mas como uma maneira de pensar sobre a situação.

PRATICANDO FLEXIBILIDADE COGNITIVA

As armadilhas do pensamento mantêm ciclos de resposta emocional problemáticos ao reduzirem nossa flexibilidade cognitiva. O problema com esses padrões de pensamento não é que eles sejam "errados" ou "ruins", mas sim que são limitantes, pois representam apenas uma possível interpretação da situação. Assim, o objetivo da *flexibilidade cognitiva* é aumentar a flexibilidade na avaliação de situações, e não substituir pensamentos ruins ou "corrigir" maneiras de pensar falhas. Uma forma de sair dessas armadilhas é prestar atenção às interpretações e avaliá-las não como "verdades", mas como uma possível maneira de olhar para a situação. Em vez de automaticamente pensar que o pior cenário vai acontecer e que a pessoa será incapaz de lidar com isso, é importante começar a introduzir e considerar outras interpretações. Pensamentos sobre o pior cenário ainda podem estar presentes, mas eles podem "coexistir" com outras avaliações possíveis da situação. O objetivo é permitir flexibilidade nos nossos pensamentos para que outras interpretações das situações emocionalmente provocadoras, ancoradas no presente e levando em conta o contexto atual, possam ser consideradas.

Nota do terapeuta

É essencial enfatizar que o propósito dessa habilidade de flexibilidade cognitiva não é eliminar todos os pensamentos relacionados a coisas negativas nem "punir" os pacientes por terem interpretações negativas. A flexibilidade cognitiva é útil para ajudar o paciente a obter alguma perspectiva sobre os pensamentos, para que os pensamentos automáticos negativos não alimentem ainda mais o ciclo de resposta emocional problemática. Pensar de maneira mais flexível sobre e durante situações emocionais também é uma forma proveitosa de facilitar exposições emocionais futuras, permitindo diferentes avaliações das emoções quando elas são experimentadas. Ajudar os pacientes a praticarem uma avaliação mais realista das interpretações automáticas proporcionará alguma motivação quando confrontados com a tarefa de completar uma exposição emocional difícil.

A *flexibilidade cognitiva* envolve criar outras interpretações de situações ou experiências que provocam emoções. Essa é uma estratégia útil para ajudar a quebrar ciclos de resposta emocional problemáticos e também pode ser uma forma eficaz de mudar a maneira como uma emoção ou um evento é experimentado. Aprender a gerar interpretações mais realistas e baseadas em evidências de situações emocionais facilita respostas adaptativas e não evitativas a emoções intensas.

Nesse tratamento, usamos uma série de perguntas (apresentadas no Capítulo 8 do Manual do Paciente) para ajudar os pacientes a gerarem interpretações alternativas. Exemplos incluem: "Pode haver outras explicações? Mesmo que X fosse verdade, eu poderia lidar com isso? Meu pensamento automático negativo está sendo impulsionado pelas emoções intensas que estou experimentando?". As perguntas são projetadas para serem amplamente aplicáveis a ambos os tipos de armadilhas do pensamento. Em geral, incentivamos os pacientes, sobretudo quando estão aprendendo a habilidade de *flexibilidade cognitiva*, a utilizarem todas as perguntas ao tentarem gerar perspectivas alternativas sobre situações emocionalmente provocadoras. Os pacientes também podem se beneficiar ao inserirem essa lista de perguntas em seus celulares ou tirarem uma foto delas, o que pode facilitar o uso na vida diária.

Nota do terapeuta

Também achamos útil incentivar os pacientes a trabalharem em direção a uma maior flexibilidade em seus pensamentos sobre as próprias emoções. Muitos de nossos pacientes tendem a ter interpretações negativas, julgadoras e/ou catastróficas sobre a experiência emocional. Pensamentos como "Sentir ansiedade é terrível" ou "Não consigo lidar com isso" são muito comuns. Para ajudar o paciente a considerar alternativas, você pode pedir que reflita sobre como as emoções podem ser funcionais, conforme discutido no Módulo 2 ("A ansiedade pode ajudar a me preparar para coisas importantes" ou "Ficar triste após uma perda é normal — sentir-me assim agora vai me ajudar a seguir em frente depois"). As mesmas perguntas apresentadas no Manual do Paciente também podem ser úteis em relação a esses pensamentos. Gerar outras interpretações sobre o que significa experimentar emoções, mesmo as negativas, ajudará o paciente a enfrentar as emoções e responder de maneiras mais adaptativas — o principal objetivo deste tratamento.

TAREFAS

- Peça ao paciente que use o **Formulário de Prática de Flexibilidade Cognitiva** para monitorar os pensamentos automáticos e as armadilhas do pensamento. Ele deve anotar a situação ou gatilho para o pensamento automático, o próprio pensamento automático e se caiu em uma armadilha do pensamento. Depois de abordar a habilidade de *flexibilidade cognitiva* durante a sessão (comumente na segunda sessão do Módulo 4), o paciente deve usar a última coluna (quarta) para registrar outras possíveis interpretações. Em geral, incentivamos os pacientes a gerarem pelo menos uma interpretação alternativa para cada situação, embora criar opções adicionais também possa ser útil. A lista de perguntas para gerar interpretações alternativas está incluída no topo do formulário para facilitar esse processo. O **Formulário de Prática de Flexibilidade Cognitiva** pode ser atribuído como tarefa após cada sessão do Módulo 4, desde que as armadilhas do pensamento tenham sido introduzidas. Ao atribuir e revisar essa tarefa, pode ser interessante lembrar ao paciente que o objetivo não é "acreditar" em uma nova interpretação, mas sim permitir que ela coexista com o pensamento automático negativo. Nenhuma das interpretações está necessariamente correta — ambas são exemplos de uma variedade de possíveis interpretações. O exemplo de uma versão completa desse formulário pode ser encontrado no Apêndice B do Manual do Paciente.

- Instrua o paciente a continuar monitorando o progresso preenchendo as **Escalas de Ansiedade** e **de Depressão** (bem como as **Escalas de Outras Emoções** e **de Emoções Positivas**, se as estiver usando) e registrando suas pontuações no **Registro de Progresso**.
- Por fim, peça ao paciente que continue praticando as habilidades apresentadas no módulo anterior, conforme necessário. Por exemplo, pode ser útil continuar praticando a *ancoragem no presente* usando o **Formulário de Atenção Plena às Emoções**. Embora o foco principal da tarefa seja a prática da habilidade de *flexibilidade cognitiva* aprendida neste capítulo, sinta-se à vontade para atribuir uma ou duas fichas de trabalho dos capítulos anteriores, caso a prática extra seja benéfica.

VINHETAS

Vinheta #1

Na vinheta a seguir, a paciente está com dificuldade para identificar os pensamentos.

P: Não sei. Não pensei em nada. Quero dizer, eu só precisava escapar. Eu tinha que sair de lá imediatamente!

T: O que você lembra de ter pensado enquanto estava na frente de todos?

P: Estava pensando na apresentação que deveria fazer.

T: Você estava fazendo alguma previsão específica sobre como poderia ser? Ou tinha alguma preocupação sobre o que poderia acontecer?

P: Bem, eu tinha quase certeza de que iria mal, assim como da última vez que tentei fazer uma apresentação. Estava realmente preocupada que o público visse o quanto eu estava ansiosa e achasse que eu não sabia do que estava falando.

Vinheta #2

Nesta vinheta, o terapeuta ajuda o paciente a pensar de forma mais flexível sobre um cenário indesejado.

T: Você mencionou que tem medo de não atender às expectativas que seu novo supervisor tem para você. Se ele não lhe der uma boa avaliação, o que você tem medo que aconteça?

P: Vou perder meu emprego.

T: Se você perder o emprego, o que você teme que aconteça em seguida?

P: Seria completamente devastador para mim. Eu decepcionaria minha família novamente e não saberia como lidar com isso. Minha depressão pioraria.

T: Então, sua maior preocupação é que, se não atender às expectativas do seu novo supervisor, você será demitido, o que o deixará devastado e incapaz de lidar com isso. Está correto?

P: Sim, acho que é isso.

T: Certo. Você já recebeu uma avaliação negativa antes?

P: Sim. Não muitas vezes, mas já aconteceu antes. [pausa] Três vezes, acho.

T: Você foi demitido alguma dessas vezes?

P: Uma vez. Dois anos atrás. Foi terrível.

T: Então, você já recebeu uma avaliação negativa três vezes antes e foi demitido uma vez. Com base nessa evidência, existe uma chance de que você não perca o emprego agora?

P: Sim, quero dizer, não tenho certeza de que isso vai acontecer. Mas, se acontecer, não sei o que vou fazer.

T: Entendo. Vamos falar um pouco sobre a vez em que você foi demitido. Como você se sentiu?

P: Eu fiquei muito chateado. Eu não tinha previsto que isso poderia acontecer. Essa foi a parte mais difícil — ser pego de surpresa.

T: Isso deve ter sido difícil. Você pode ser mais específico sobre as emoções que experimentou?

P: Bem, no começo eu estava com raiva. E muito triste, porque parecia que eu tinha falhado. Eu não estava há muito tempo no emprego, então parecia que eu tinha decepcionado meu supervisor e a mim mesmo.

T: Claro que você se sentiu triste. Sempre é difícil quando perdemos algo importante para nós, especialmente quando pensamos que poderíamos ter feito algo para evitar isso. Como você diria que conseguiu lidar com essa situação na época?

P: Bem, as primeiras semanas foram terríveis. Fiquei muito desanimado e basicamente não saí de casa nem vi ninguém, o que não ajudou.

T: E depois disso?

P: Depois das primeiras semanas? Acho que consegui lidar bem. Quero dizer, comecei a me candidatar a empregos e por fim consegui um. Também tive um amigo que havia perdido o emprego recentemente, então foi bom ter alguém na mesma situação que eu. Nós nos apoiamos mutuamente.

T: Então, apesar de ter perdido algo de que você gostava muito, parece que conseguiu lidar muito bem. Na verdade, depois de algumas semanas difíceis, você conseguiu se reerguer relativamente rápido.

P: Sim, acho que sim.

T: Além disso, há algo diferente na situação que você está agora que poderia facilitar um pouco lidar com isso, caso perca o emprego novamente?

P: Talvez. Quero dizer, já recebi um aviso de que minha avaliação não vai ser positiva. Então, não seria exatamente uma surpresa, como foi da outra vez.

T: Como isso poderia ser útil para você?

P: Acho que poderia me planejar um pouco. Como começar a procurar outras vagas *on-line* e atualizar meu currículo.

T: Ótimo! Há mais alguma coisa a seu favor agora que poderia ajudá-lo a lidar com isso?

P: [pausa] Bem, estou aprendendo habilidades de enfrentamento para minha depressão, o que acho que deve ajudar. Também tenho mais dinheiro guardado, então *poderia* sobreviver por um tempo mesmo se ficasse desempregado.

T: Certo. Então, mesmo que você seja demitido, é possível que não seja tão devastador quanto você pensou inicialmente?

P: Acho que não. Quero dizer, já aconteceu antes e eu ainda estou de pé. Eu conseguiria sobreviver a isso.

RESOLUÇÃO DE PROBLEMAS

Como descrito na Vinheta #1, alguns pacientes podem ter dificuldade para identificar os pensamentos. Muitas vezes, esses indivíduos ficam tão focados na intensidade da emoção do momento que acabam "ignorando" os eventos ou momentos que precederam sua reação. Nesses casos, pode ser útil o terapeuta ajudar o paciente a "voltar no tempo" para antes de entrar na situação ou logo após ter entrado, a fim de ajudá-lo a começar a reconhecer seus pensamentos automáticos. Na Vinheta #1, o terapeuta ajudou o paciente a identificar quais tipos de pensamentos estava tendo antes da situação (p. ex., fazer uma apresentação) e sua resposta durante o fato em si (p. ex., forte desejo de fugir). Em casos assim, os pacientes provavelmente se beneficiarão de um foco adicional e de mais prática na identificação de seus pensamentos automáticos, antes de prosseguirem para a habilidade de *flexibilidade cognitiva*.

Para alguns pacientes que experimentam cognições intrusivas (p. ex., obsessões ou preocupações), a avaliação do risco ou a determinação da probabilidade real do resultado temido pode se tornar problemática em si. Nessas situações, é útil pedir ao paciente que redirecione o foco da avaliação das probabilidades para a avaliação das consequências ou implicações do próprio evento. Por exemplo, um paciente com transtorno obsessivo-compulsivo pode pensar que, por ter pensamentos intrusivos e perturbadores, é uma pessoa terrível. Nesse caso, pode ser mais proveitoso focar principalmente na geração de outras interpretações sobre o que esses pensamentos indesejados significam sobre a pessoa. Além de redirecionar esses indivíduos para avaliarem as consequências associadas ao evento temido, pode ser interessante estabelecer um limite de tempo para o uso da habilidade de flexibilidade cognitiva, a fim de garantir que o paciente não fique preso em um ciclo de esquiva cognitiva.

Outro obstáculo potencial que surge para muitos de nossos pacientes é o fato de que considerar outras perspectivas em certas situações provocadoras de emoções parece não "ajudar". Algumas pessoas relatam que, embora consigam elaborar outras possibilidades, não as consideram muito (ou remotamente) plausíveis. Isso é especialmente verdadeiro quando suas emoções são intensas. Você também pode observar que, para alguns pacientes, há uma desconexão entre a intensidade de sua resposta emocional e sua interpretação de determinada situação. Por exemplo, se um paciente descreve evitar um evento social importante e o pensamento relacionado a isso é "Talvez eu não tenha nada interessante para dizer", há uma desconexão entre o comportamento relativamente extremo (evitação) e a cognição relativamente branda. Nesses casos, pode ser útil identificar o pensamento automático nuclear do paciente (ou seja, a crença central) que está impulsionando a resposta emocional, e não apenas as cognições superficiais que geralmente são mais acessíveis.

Nota do terapeuta

Este tratamento diferencia pensamentos automáticos nucleares de pensamentos automáticos superficiais, pois os primeiros não são específicos de uma situação ou evento. Pensamentos automáticos nucleares comuns sobre si mesmo incluem "Sou incompetente", "Sou um fracasso", "Ninguém me ama", "Sou mau", "Não tenho valor" e "Vou ficar sozinho para sempre". Pensamentos automáticos nucleares comuns sobre o mundo são "O mundo é um lugar perigoso" ou "No final das contas, não tenho controle sobre o que acontece comigo". Quando esses pensamentos automáticos nucleares são ativados, os pacientes tendem a achar mais difícil pensar de maneira flexível e resistir ao impulso de adotar respostas emocionais evitativas e desadaptativas.

Ao ajudar os pacientes a identificarem os pensamentos automáticos nucleares, a estratégia da *seta descendente* pode ser válida. Isso envolve começar com um pensamento automático superficial e perguntar ao paciente coisas como: "O que aconteceria se isso fosse verdade?" ou "O que isso significaria sobre você se fosse verdade (ou se acontecesse)?". Dois exemplos preenchidos de **Formulários da Seta Descendente** podem ser encontrados no Apêndice B do Manual do Paciente.

Uma vez que os pensamentos automáticos nucleares tenham sido identificados, você pode decidir trabalhar com o paciente para aumentar a flexibilidade com esses pensamentos nucleares. Isso pode envolver o uso da mesma lista de perguntas do Capítulo 8 do Manual do Paciente para elaborar alternativas mais equilibradas ou neutras (p. ex., "Estou bem", "Tenho valor", "Sou bom o suficiente" e "Às vezes, sou bem-sucedido"). Em geral, tentamos evitar pensamentos excessivamente positivos e, portanto, irreais (p. ex., "Sou sempre bem-sucedido"). Também descobrimos que incentivar os pacientes a começarem a buscar evidências que apoiem seus novos pensamentos nucleares mais equilibrados pode ajudá-los a fortalecerem essas cognições mais adaptativas sobre si mesmos e sobre o mundo. Pensar de forma flexível é fundamental, pois espera-se que o paciente continue a notar eventos negativos — ao mesmo tempo que procura por coisas positivas ou mais neutras. Sugerir que o paciente escreva duas ou três evidências observadas que apoiem seu novo pensamento nuclear todos os dias pode facilitar esse processo.

10

Módulo 5: Combatendo os comportamentos emocionais

(Corresponde ao Capítulo 9 do Manual do Paciente)

VISÃO GERAL

O Módulo 5 foca no componente comportamental da resposta emocional e começa revisando o papel dos *comportamentos emocionais* (ou seja, comportamentos que são usados para controlar emoções intensas) no desenvolvimento e na manutenção de respostas emocionais desadaptativas. Neste módulo, você ajudará o paciente a identificar comportamentos emocionais relevantes e, em seguida, trabalhará com ele para desenvolver e engajar-se em *ações alternativas*. Com o tempo, espera-se que essas *ações alternativas* ajudem a remediar os padrões cognitivos e comportamentais que contribuem para a ocorrência frequente de afetos negativos intensos e mantêm o sofrimento do paciente em resposta à experiência de emoções fortes.

OBJETIVOS DO MÓDULO

- Introduzir o conceito de comportamentos emocionais.
- Revisar os tipos de comportamentos emocionais.
- Ajudar os pacientes a identificarem seus próprios comportamentos emocionais.
- Demonstrar e discutir os efeitos paradoxais dos comportamentos emocionais e fornecer uma justificativa para confrontá-los.
- Ajudar os pacientes a desenvolverem *ações alternativas* para seus comportamentos emocionais.

MATERIAIS NECESSÁRIOS

- **Formulário da Lista de Comportamentos Emocionais**, localizado no final do Capítulo 9 do Manual do Paciente.
- **Formulário Combatendo os Comportamentos Emocionais**, localizado no final do Capítulo 9 do Manual do Paciente.

REVISÃO DAS TAREFAS

Assim como em todas as sessões do tratamento realizadas até agora, geralmente começamos revisando as tarefas do paciente. Nesse caso, concentre-se no(s) **Formulário(s) de Flexibilidade Cognitiva**. O paciente identificou percepções automáticas e trabalhou para avaliá-las de maneira mais flexível? Se for relevante, ele notou alguma crença nuclear e trabalhou para desafiá-la também? Caso o paciente relate dificuldades com esses exercícios, talvez seja interessante lembrá-lo de que essa habilidade melhorará com a prática. Se ele descrever dificuldades em acreditar na nova avaliação, lembre-o de que o ato de gerar a nova avaliação é o mais importante — na verdade, isso é o que encoraja a flexibilidade cognitiva! Como sempre, se o paciente estiver com dificuldades para concluir as tarefas, pode ser útil lembrá-lo de como elas são relevantes e ajudá-lo a resolver os problemas para lidar com qualquer barreira à conclusão delas.

DISCUSSÃO SOBRE COMPORTAMENTOS EMOCIONAIS

O foco deste módulo é entender os comportamentos emocionais, um termo que se refere aos comportamentos que um paciente adota para lidar com emoções intensas. Assim, essa parte do tratamento se concentra no componente comportamental do modelo de três componentes das emoções (descrito no Capítulo 7 deste guia). Nesse ponto do tratamento, a familiaridade com o modelo, bem como a conscientização plena de todos os aspectos de uma experiência emocional, provavelmente significam que os pacientes já estão cientes de muitos de seus próprios comportamentos. Assim, este módulo oferece a oportunidade para expandir o conhecimento sobre como os comportamentos influenciam as experiências emocionais e explorar maneiras de confrontar os comportamentos que não os servem bem em longo prazo.

Ao revisar o papel dos comportamentos nas experiências emocionais, pode ser útil iniciar explicando que há várias maneiras pelas quais os comportamentos podem influenciar as emoções. Para começar, cada emoção tem comportamentos que estão naturalmente associados a ela; às vezes eles são chamados de tendências de ação associadas a uma determinada emoção. Por exemplo, a ansiedade pode motivar a preparação ou a evitação de estímulos ameaçadores, e a tristeza tende a provocar o afastamento. Pode ser útil lembrar aos pacientes que esses comportamentos costumam ter uma função adaptativa, permitindo-nos responder rapidamente ao ambiente. Por exemplo, sentir ansiedade antes de uma apresentação estimula a prática para garantir um bom desempenho. Sentir ansiedade ao caminhar sozinho em uma floresta pode motivar a evitação de situações potencialmente perigosas (p. ex., sair da trilha). Retirar-se quando se está triste pode ajudar a pessoa a processar uma perda. O Manual do Paciente contém mais exemplos de comportamentos que estão naturalmente associados a uma variedade de emoções.

Nota do terapeuta

Assim como você revisou várias emoções no Capítulo 7 ao discutir a natureza adaptativa das emoções, pode ser útil adotar uma abordagem semelhante aqui. Discutir a natureza adaptativa dos comportamentos que são "programados" para ocorrerem com cada emoção pode servir como um lembrete útil de que muitos dos comportamentos nos quais o paciente se envolve fazem sentido e são benéficos. Conforme detalhado neste capítulo, o que queremos fazer é começar a avaliar os comportamentos no contexto para identificar aqueles que mantêm as dificuldades emocionais do paciente.

No entanto, os mesmos comportamentos que são adaptativos em algumas circunstâncias podem ser menos adaptativos em outras e podem, na verdade, contribuir para o desenvolvimento e a manutenção de um transtorno emocional. Por exemplo, uma situação ameaçadora pode evocar raiva e medo, o que motivaria um indivíduo a se envolver em comportamentos projetados para serem protetores. Nesse caso, essas emoções podem resultar em comportamentos ligados ao ato de lutar, fugir ou ambos. Esses comportamentos seriam totalmente adaptativos se houvesse uma ameaça presente que pudesse objetivamente resultar em um grau considerável de dano (p. ex., alguém está prestes a ser assaltado). No entanto, se uma ameaça verdadeira não estiver presente e a pessoa estiver, na verdade, experimentando um "alarme falso", então os comportamentos provavelmente seriam menos adaptativos. Ou seja, pode ser que o nível de raiva e a resposta subsequente não sejam justificados pelo que realmente está acontecendo na situação (p. ex., o chefe do paciente está tentando dar um *feedback* construtivo). Nesse ponto da discussão, pode ser útil revisitar o conceito de consequências de curto e longo prazos dos comportamentos emocionais. Lembre-se, esses comportamentos tendem a reduzir o desconforto em curto prazo, mas muitas vezes causam mais problemas em longo prazo. Esses problemas podem incluir a percepção de que as emoções são difíceis de lidar e necessitam de evitação, mantendo assim o padrão de respostas emocionais desadaptativas que está no cerne do transtorno emocional.

Após essa introdução inicial, trabalhe com o paciente para identificar os comportamentos emocionais mais relevantes para ele e que ocorrem com mais frequência. Para facilitar essa discussão, é interessante revisar os diferentes tipos de comportamentos emocionais (descritos no Capítulo 9 do Manual do Paciente) um por um e pedir que os pacientes gerem exemplos de sua vida. Os pacientes podem anotá-los no **Formulário da Lista de Comportamentos Emocionais**. O Quadro 9.2 do Manual do Paciente define cada tipo de comportamento emocional e fornece exemplos adicionais. As definições também estão incluídas aqui:

- **Comportamentos motivados por emoções (CME):** comportamentos **motivados** por emoções intensas que são projetados para reduzir a intensidade dessas emoções.
- **Evitação aberta:** evitação total de situações, pessoas, etc., que despertam emoções intensas.
- **Evitação comportamental sutil:** comportamentos que impedem a experiência plena de uma emoção quando a evitação total não é uma opção.
- **Evitação cognitiva:** estratégias cognitivas usadas para evitar pensar sobre algo que é angustiante.
- **Sinais de segurança:** itens usados para sentir-se mais confortável e/ou impedir que uma emoção se torne avassaladora.

Nota do terapeuta

Na 1ª edição, distinguíamos entre evitação emocional e comportamentos motivados por emoções (CME). A evitação emocional (que inclui evitação aberta, evitação comportamental sutil, evitação cognitiva e sinais de segurança) pode ser vista como estratégias que um indivíduo usa para prevenir o surgimento de uma emoção intensa. Por sua vez, os CMEs podem ser vistos como comportamentos que acompanham emoções intensas que a pessoa já está experimentando. Às vezes, é benéfico considerar os comportamentos emocionais de uma maneira temporal, e você pode achar útil pensar sobre as sutis diferenças entre esses tipos de comportamentos emocionais ao considerar a função da resposta comportamental do paciente. No entanto, não é essencial fazer essa distinção e isso pode ser confuso para alguns pacientes.

O Quadro 10.1 lista exemplos de comportamentos emocionais associados a diferentes emoções e o tipo de comportamento emocional que podem representar. Lembre-se de que esses conceitos se aplicam a todas as emoções, então pode ser interessante considerar toda a gama de emoções ao explorar os comportamentos do paciente.

QUADRO 10.1 Exemplos de comportamentos emocionais

Comportamentos motivados por emoções Comportamentos impulsionados por emoções intensas que são projetados para reduzir a intensidade dessa emoção	
Verificar compulsivamente (p. ex., trancas, fogão, etc.)	Buscar reasseguramento
Ter comportamentos autolesivos	Gritar ou agredir alguém
Insultar alguém	Sair de uma situação quando sentir ansiedade ou medo
Pedir desculpas excessivamente	Ligar repetidamente para um familiar a fim de verificar sua segurança
Consumir álcool ou outras substâncias	Engajar-se excessivamente em atividades prazerosas
Evitação aberta Evitação direta de situações, pessoas, etc., que provocam emoções intensas	
Caminhar em vez de usar transporte público por medo de ter um ataque de pânico	Evitar áreas lotadas
Deixar de ir a uma festa para evitar a ansiedade em situações sociais	Evitar exercícios e outras formas de excitação fisiológica
Recusar convites para encontrar amigos	Recusar-se a dirigir em horários de pico
Evitar atividades prazerosas	Ficar na cama ou cochilar frequentemente
Evitação comportamental sutil Comportamentos que impedem a experiência plena de uma emoção quando a evitação total não é uma opção	
Enviar mensagens de texto em uma festa para evitar conversar com os presentes	Não consumir cafeína
Perfeccionismo	Restringir a ingestão de alimentos

(Continua)

QUADRO 10.1 Exemplos de comportamentos emocionais *(Continuação)*

Evitação comportamental sutil Comportamentos que impedem a experiência plena de uma emoção quando a evitação total não é uma opção	
Evitar contato visual	Planejar excessivamente
Procrastinar (evitar tarefas emocionalmente significativas)	Fazer comentários que diminuem o prazer da situação
Fazer comentários sarcásticos	Falar em tom de voz baixo
Evitação cognitiva Estratégias cognitivas usadas para evitar pensar em algo angustiante	
Fazer uso de distrações (p. ex., ler, ouvir música, assistir TV)	Preocupar-se/ruminar
Tentar afastar pensamentos "ruins" que evocam emoções (supressão de pensamentos)	Forçar-se a "pensar positivo"
Reassegurar-se de que tudo está bem	Dissociar
Sinais de segurança Itens usados para se sentir mais confortável e/ou impedir que uma emoção se torne avassaladora	
Carregar "amuletos da sorte" para se sentir confortável	Carregar itens como garrafas de água, medicamentos ou celulares "apenas por precaução"
Levar uma "pessoa de segurança" para uma situação desconfortável	Carregar itens de autodefesa
Estocar água, comida e outros suprimentos em caso de emergência	Ter materiais de leitura/livros de oração à mão

Além dos comportamentos emocionais descritos no Manual do Paciente, você deve estar atento à possível evitação das sensações somáticas associadas às emoções. Essa evitação é bastante comum nos transtornos emocionais, pois essas sensações podem desencadear afetos intensos. Por exemplo, alguns pacientes evitam café ou exercícios porque estes aumentam a frequência cardíaca, que é uma sensação somática frequentemente associada à ansiedade. A evitação de sensações somáticas é discutida com mais detalhes no Módulo 6 (abordado no Capítulo 11 deste guia).

Também é relevante observar que esses conceitos se aplicam tanto às emoções positivas quanto às negativas. Por exemplo, pessoas que sofrem de depressão frequentemente relatam dificuldade em permitir-se sentir emoções positivas. Além disso, indivíduos com transtornos emocionais às vezes indicam relutância em experimentar emoções positivas porque estão "esperando o momento em que algo ruim aconteça" ou algo que retire suas emoções positivas. Assim, eles podem aplicar qualquer um dos comportamentos mencionados anteriormente à experiência de emoções positivas como uma forma de evitar uma possível decepção.

COMO COMPREENDER O PAPEL DOS COMPORTAMENTOS NA MANUTENÇÃO DOS TRANSTORNOS EMOCIONAIS

É importante que os pacientes entendam como os comportamentos emocionais desadaptativos podem contribuir para a manutenção das dificuldades emocionais. Quando um paciente se envolve em um comportamento emocional que produz alívio da experiência de emoções intensas, mesmo que brevemente, esse comportamento é reforçado. Na próxima vez em que o paciente enfrentar uma situação que evoca uma emoção intensa, ele sentirá o impulso de fazer algo semelhante, pois isso "funcionou" (e foi reforçado) no passado (ou seja, reduziu a intensidade da emoção). Embora esses comportamentos façam o paciente se sentir melhor (ou menos mal) no momento, eles também podem fortalecer a crença de que a emoção é perigosa e de que o paciente é incapaz de lidar com ela. Assim, na próxima vez que vivenciar essa ou outra emoção intensa, ele estará ainda mais propenso a se engajar no comportamento emocional (anteriormente reforçado), mantendo o padrão de resposta emocional desadaptativa.

Nota do terapeuta

Ajudar os pacientes a entenderem que os comportamentos emocionais são aprendidos e reforçados ao longo do tempo pode proporcionar uma visão sobre por que eles continuam a adotar esses comportamentos, apesar de suas consequências negativas. Esse insight *é fundamental para o tratamento, pois pode ajudá-los a adotarem uma postura não julgadora em relação aos seus comportamentos, aumentando a disposição para a mudança.*

Por exemplo, considere um paciente que sai bruscamente do escritório do chefe após uma conversa difícil. Sair cedo (ou seja, escapar) pode ajudá-lo a "se acalmar" e a se sentir menos incomodado em curto prazo (ou seja, reduzir a intensidade da emoção). No entanto, sentir-se menos incomodado reforça o comportamento de fuga naquele contexto, e possivelmente em outras situações semelhantes, o que em longo prazo pode causar problemas interpessoais e interferir no desenvolvimento ou no uso de comportamentos sociais mais apropriados (e, em última análise, mais eficazes), como ser assertivo.

DEMONSTRAÇÃO DE EVITAÇÃO EMOCIONAL

O Manual do Paciente fornece um exercício específico para demonstrar os efeitos paradoxais dos comportamentos emocionais, especificamente a supressão de pensamentos. Esse exercício é adaptado de um experimento conduzido pelos Professores Daniel Wegner e David Schneider sobre controle mental e supressão de pensamentos (Wegner, Schneider, Carter & White, 1987). Nesse experimento, os participantes do estudo foram convidados a pensarem em qualquer coisa, exceto um urso branco, uma tarefa que destacou como é quase impossível *não* pensar em algo. No PU, os pacientes são convidados a tentarem não pensar em uma situação ou memória que seja particularmente embaraçosa para eles. No primeiro minuto, eles são orientados a se concentrarem nessa memória e, em seguida, avaliar o quão bem-sucedidos foram em fazer isso. No segundo minuto, são instruídos a pensarem em *qualquer* outra coisa, exceto nessa memória, e novamente avaliarem seu sucesso em evitar o pensamento. A maioria dos pacientes acha notavelmente mais difícil evitar a memória do que se concentrar nela.

Observamos que este exercício é útil para ilustrar a ideia de que tentativas de suprimir pensamentos (e emoções) geralmente não são bem-sucedidas. Na verdade, a supressão pode aumentar a frequência e a intensidade dos próprios pensamentos e emoções que o indivíduo tenta interromper. Você pode apontar aos pacientes que, embora eles possam ter sido capazes de evitar pensar na memória ou situação por algum tempo, para garantir que não estavam pensando na memória (que era o objetivo da tarefa), eles precisariam ocasionalmente "checar" para garantir que pensamentos sobre a memória ou situação não estavam em sua mente. Esse processo envolve pensar sobre a memória ou situação e, assim, garante que, em algum nível, eles terão que pensar nela.

Alguns pacientes dirão que foram capazes de evitar completamente se concentrar na memória. Nesses casos, em geral colocam muito esforço em evitá-la, talvez distraindo-se (p. ex., contando azulejos do teto, fazendo listas, cantando músicas mentalmente). Aqui, é útil apontar quanto esforço dedicaram para evitar a memória e que, assim que cessarem esse esforço — que seria difícil de sustentar no "mundo real" —, a memória voltaria, demonstrando que a supressão da memória ainda é uma estratégia ineficaz.

QUEBRANDO O CICLO DE COMPORTAMENTOS EMOCIONAIS INÚTEIS

Após discutir vários comportamentos emocionais e as funções que eles podem exercer, esse é um bom momento para introduzir a ideia de *ações alternativas*. Essa é a habilidade que os pacientes usarão para quebrar o ciclo de comportamentos inúteis. Por *ação alternativa* entendemos o ato de se engajar em uma ação que seja diferente, e muitas vezes oposta, ao que o paciente normalmente faz quando experimenta uma emoção intensa.

Quando se trata de identificar ações alternativas, é importante destacar para os pacientes que eles devem trabalhar em direção a *fazer* algo diferente. Os pacientes com frequência sentem-se tentados a simplesmente dizerem: "Vou apenas parar de fazer [o comportamento emocional]". No entanto, muitas vezes é muito difícil ir de fazer algo a não fazer nada, especialmente ao experimentar uma emoção desconfortável. Em nossa experiência, os pacientes acham mais fácil passar de fazer algo a fazer outra coisa. O Manual do Paciente contém um quadro com muitas sugestões de *ações alternativas* para os comportamentos emocionais, e o Quadro 10.2 apresenta algumas delas.

QUADRO 10.2 Exemplos de ações alternativas para comportamentos emocionais

Emoção	Comportamento(s) emocional(is)	Ação(ões) alternativa(s)
Medo	Escapar/evitar pessoas ou lugares	Permanecer na situação, aproximar-se
	Arranjar brigas	Falar calmamente
	Fazer ameaças	Fazer elogios
Tristeza	Afastar-se dos amigos	Ligar para os amigos, fazer planos para sair
	Evitar atividades prazerosas	Planejar fazer algo divertido
	Ouvir música triste	Ouvir música animada
Ansiedade	Preparar-se excessivamente	Estabelecer um limite de tempo para a preparação, engajar-se em uma atividade agradável
	Evitar	Enfrentar a situação
	Pedir reasseguramento	Resistir ao pedido de reasseguramento falando sobre outro assunto

(Continua)

QUADRO 10.2 Exemplos de ações alternativas para comportamentos emocionais *(Continuação)*

Emoção	Comportamento(s) emocional(is)	Ação(ões) alternativa(s)
Raiva	Brigar	Fazer uma pausa antes de responder, sair para caminhar
	Gritar	Falar em um tom calmo
	Quebrar coisas	Mover-se lentamente, colocar os objetos com cuidado
Culpa/ vergonha	Afastar-se	Entrar em contato com outras pessoas
	Evitar contato visual	Fazer contato visual
	Falar baixo	Falar em voz alta

Nota do terapeuta

Identificar um comportamento emocional e entender sua função (ou seja, evitação emocional e supressão de uma resposta emocional) é fundamental para desenvolver uma ação alternativa eficaz. Nós encorajamos você a dedicar tempo para discutir os comportamentos emocionais do paciente nesse nível, possivelmente até usando exemplos de **Formulários do Modelo de Três Componentes das Emoções** *anteriores que foram preenchidos pelo paciente durante o tratamento.*

Mudar como nos comportamos pode mudar como nos sentimos. Por exemplo, imagine que um paciente foi convidado a jantar por um amigo e precisa recusar porque já tem outros planos, mas sente-se culpado por fazê-lo. Ao conversar com o amigo, ele pode começar a sentir sensações físicas como tremores, mãos trêmulas e aumento da frequência cardíaca. Ele também pode pensar: "Sou um mau amigo por recusar esse convite". Essas sensações e pensamentos podem levá-lo a pedir desculpas excessivamente. Em curto prazo, esse comportamento pode reduzir a intensidade de sua culpa. Mas, em longo prazo, isso reforça a ideia de que o paciente fez algo errado ao recusar e pode até irritar seu amigo! Por sua vez, se o paciente utilizar uma *ação alternativa* e simplesmente explicar que tem outros planos, ele pode perceber que se sente desconfortável no momento, mas menos culpado em longo prazo e quando uma situação semelhante surgir no futuro. Engajar-se em *ações alternativas* geralmente tem consequências diferentes em curto e longo prazos em comparação com os comportamentos emocionais. Essas novas ações tendem a ser mais difíceis em curto prazo, mas reduzem a intensidade emocional em longo prazo e podem ajudar os pacientes a se sentirem orgulhosos de sua capacidade de lidar com a situação.

Nota do terapeuta

Os modelos de três componentes (Capítulo 7) podem fornecer uma maneira útil de ilustrar como os comportamentos emocionais são capazes de alimentar o ciclo de emoções que não ajudam. O parágrafo do exemplo anterior pode ser desenhado em um modelo para ilustrar a interação dos comportamentos com os outros componentes (pensamentos e sensações físicas) na experiência do paciente.

TAREFAS

- O paciente deve usar o **Formulário da Lista de Comportamentos Emocionais** do Manual do Paciente para identificar comportamentos emocionais adicionais que não foram discutidos na sessão.
- O paciente deve começar a usar o **Formulário Combatendo os Comportamentos Emocionais** para trabalhar na mudança de comportamentos emocionais (tanto a evitação quanto os CMEs) em resposta às emoções e situações que surgirem.
- Instrua o paciente a continuar monitorando o progresso preenchendo as **Escalas de Ansiedade** e **de Depressão** (bem como as **Escalas de Outras Emoções** e **de Emoções Positivas**, caso estejam usando) e registrando suas pontuações no **Registro de Progresso**.
- Em preparação para as *exposições emocionais* (Capítulo 12), pode ser interessante encorajar os pacientes a começarem a entrar em situações que possam provocar emoções difíceis. Isso pode incluir conversar com um amigo sobre um assunto delicado, assistir a um programa de TV ou filme angustiante, ou outras atividades semelhantes. Os pacientes ainda não precisam evocar emoções que sejam pessoalmente relevantes por si só. O mais importante é que comecem a praticar *exposições emocionais* que sejam apenas levemente ameaçadoras, para terem uma ideia de como é fazer essas atividades. Instrua-os a praticarem a consciência de suas experiências emocionais nessas situações, incluindo pensamentos automáticos e comportamentos emocionais.

VINHETAS

Vinheta #1

Na vinheta a seguir, o terapeuta ajuda o paciente a identificar a função de um comportamento emocional específico e, posteriormente, a desenvolver uma *ação alternativa*.

P: Em geral, quando estou me preparando para fazer uma palestra, passo muito tempo fazendo isso. Acho que estou evitando a possibilidade de cometer um erro... mas isso não é uma coisa boa? Quero dizer, conheço muitas pessoas que fazem isso. Talvez minha ansiedade esteja realmente me ajudando aqui. Eu só quero fazer um bom trabalho.

T: Esse é um bom ponto. Concordo que a evitação pode, às vezes, ser adaptativa, e entendo por que você não gostaria de cometer muitos erros durante uma palestra importante. Mas você acha que o tempo que gasta se preparando é razoável, considerando a importância das palestras? Depois que a palestra termina, você olha para trás e se pergunta se precisava se preparar tanto?

P: Entendo o que você quer dizer. Não... provavelmente eu não preciso me preparar tanto. Algumas palestras são mais importantes do que outras, mas acho que me preparo da mesma maneira para todas. E mesmo para as palestras importantes, costumo exagerar um pouco.

T: Você tem ideia de por que se prepara tanto?

P: Como falamos na semana passada, acho que fico preocupado em fazer um bom trabalho... Tenho medo de ficar ansioso, minha mente dar um branco e eu não conseguir continuar.

T: Acho que podemos concordar que ir para uma grande palestra sem qualquer preparação provavelmente não é a melhor estratégia. Mas, nesse ponto, parece que a função do seu comportamento é principalmente evitar um resultado que provavelmente não vai acontecer. Ou seja, você pode estar se preparando demais para evitar sentir ansiedade nessa situação. Você tem medo de que sua ansiedade interfira significativamente em seu desempenho.

P: Eu concordo com isso.

T: Mas me pergunto se você tem dados para apoiar essa ideia. Você mesmo disse que, mesmo quando fica ansioso durante uma palestra, ainda assim se sai bem. E na semana passada também concordamos que, mesmo se você não fizesse um bom trabalho, no final ficaria tudo bem... que você seria capaz de lidar com isso. Então, nessa situação, me pergunto se o excesso de preparação não é muito adaptativo para você. Isso pode impedi-lo de desafiar algumas das ideias que você tem sobre vivenciar a ansiedade nessa situação, o que não tornaria a situação mais fácil no futuro.

P: Boa observação, doutor. Talvez eu deva me preparar apenas quando a palestra for realmente importante e, mesmo assim, tentar manter as coisas mais razoáveis. Parte de mim sabe que eu me sairia bem, mesmo sem me preparar tanto.

Vinheta #2

Na vinheta a seguir, uma paciente tem dificuldade em reconhecer que o que acredita ser uma preferência pessoal é, na verdade, um comportamento emocional. Ela é auxiliada pelo terapeuta, que a incentiva a refletir sobre a função de seu comportamento e como isso pode estar relacionado com suas ansiedade e preocupação.

P: Ontem à noite estava muito quente lá fora, e meu marido queria abrir as janelas do quarto. Ele ficou irritado comigo porque eu não deixei.

T: Por que você não queria abrir as janelas?

P: Os ruídos de fora dificultam meu sono. De manhã, os pássaros estão sempre cantando. Às vezes, eles me acordam.

T: Isso faz sentido. Eu me pergunto por que seu marido ficou tão irritado.

P: Ele acha que isso está relacionado à minha ansiedade. Ele diz que estou paranoica.

T: Por que ele acha que você está sendo paranoica?

P: Lembra que eu contei a você que, há alguns anos, nosso apartamento foi invadido? Bem, depois disso, fiquei muito ansiosa com a possibilidade de alguém entrar novamente, especialmente à noite. Desde então, não gosto de deixar as janelas abertas.

T: Então você fecha as janelas à noite para evitar que alguém entre enquanto você e seu marido estão dormindo?

P: Bem, também por causa dos ruídos dos pássaros... mas, sim, acho que o medo de alguém entrar é o principal. Sei que isso não é muito provável. Moramos no 3º andar. Mas fico tão ansiosa quando deixamos as janelas abertas à noite... realmente tenho dificuldade para dormir, a menos que elas estejam fechadas e trancadas.

T: Às vezes é difícil saber se estamos nos engajando em um comportamento por preferência pessoal ou se pode ser um exemplo de evitação. Como você acha que poderíamos distinguir isso nesta situação?

P: Bem, acho que antes do arrombamento, eu não me preocupava muito em trancar (ou até mesmo fechar) as janelas à noite. E quando durmo em outro lugar, fico muito menos preocupada com isso, mesmo que haja barulho do lado de fora. Então, acho que estou evitando principalmente a possibilidade de alguém invadir nossa casa novamente... mesmo que seja improvável que isso aconteça.

RESOLUÇÃO DE PROBLEMAS

Diferenciando comportamentos adaptativos e não adaptativos

No início deste módulo, introduzimos o conceito de tendências de ação, e os pacientes são lembrados de que as emoções, assim como os comportamentos associados, são frequentemente adaptativos. Às vezes, os pacientes têm dificuldade em discernir quando um comportamento é adaptativo e quando ele interfere, como visto na Vinheta #1. Nesses casos, o terapeuta provavelmente achará benéfico trabalhar com os pacientes para definirem colaborativamente o que é adaptativo e o que é não adaptativo, levando em consideração as expectativas dos pacientes sobre seu próprio comportamento, o contexto específico em que ocorre e as consequências associadas a ele. A capacidade de reconhecer quando, e em quais circunstâncias, uma ação deve ser considerada adaptativa ou não adaptativa é essencial para a mudança comportamental, e ajudar os pacientes a desenvolverem essa habilidade de discriminação é uma parte importante do tratamento. Como regra geral, os comportamentos são menos adaptativos quando caem no padrão mencionado de reduzir o desconforto em curto prazo, mas mantê-lo em longo prazo.

Diferenciando os vários tipos de comportamentos emocionais

Para alguns pacientes, a distinção entre os tipos de comportamentos emocionais (ou seja, evitação aberta, evitação comportamental sutil, evitação cognitiva, sinais de segurança e CMEs) pode ser confusa. Embora essas categorias tenham como objetivo fornecer uma heurística para ajudar os pacientes a examinarem seus próprios comportamentos e identificarem aqueles que não os favorecem, não é necessário se prender a essas distinções sutis. Em vez disso, concentre-se em ajudar os pacientes a entenderem a *função* dos comportamentos emocionais (ou seja, evitar emoções intensas) e o papel deles na manutenção dos transtornos emocionais, depois trabalhe na implementação de *ações alternativas*.

Ver comportamentos emocionais como preferências pessoais

Como visto na Vinheta #2, alguns pacientes têm dificuldade em reconhecer um comportamento como emocional, mesmo que pareça ser. Muitas vezes, o paciente afirmará que um comportamento emocional é uma preferência pessoal. Na Vinheta #2, a paciente afirma que prefere dormir com as janelas fechadas e trancadas por causa do barulho do lado de fora. No entanto, ela reconhece que também está preocupada com a possibilidade de alguém invadir sua casa se as janelas estiverem abertas; assim, parece que essa conduta serve a uma função de evitação emocional, permitindo-lhe evitar a ansiedade que sentiria se as janelas estivessem abertas. Embora os pacientes possam ver algumas ações como simples reflexos de preferências pessoais, em vez de comportamentos emocionais, o terapeuta deve trabalhar com o paciente para considerar respeitosamente a possibilidade de que essas "preferências" possam, na verdade, refletir o medo subjacente de estímulos internos ou externos. Mais uma vez, uma discussão sobre as consequências de curto e longo prazos de vários comportamentos pode ajudar a distinguir preferências de comportamentos emocionais.

Pacientes dizem que seus comportamentos emocionais os fazem sentir-se pior

Embora comumente afirmemos que os comportamentos emocionais fazem os indivíduos se sentirem melhor em curto prazo, alguns pacientes acharão essa descrição inconsistente com sua experiência, alegando que seus comportamentos emocionais apenas os fazem sentir-se pior tanto em curto quanto em longo prazos. Nesses casos, o comportamento emocional é frequentemente o "menor dos males". Embora o comportamento emocional não seja agradável, ele é menos ruim do que se o paciente resistisse totalmente a ele. Por exemplo, a preocupação pode ser muito desagradável enquanto está ocorrendo e também interferir em longo prazo. No entanto, ela pode parecer uma forma de resolução de problemas, na qual alguém pode se sentir culpado por "ignorar" o tema de preocupação se resistir a ela. Portanto, embora a preocupação seja desagradável, não fazê-la seria *ainda pior*. Nesses casos, não é que o comportamento emocional seja bom, mas ele parece *menos ruim* do que a alternativa.

Dificuldade em gerar ações alternativas

Às vezes, os pacientes têm dificuldade em pensar em *ações alternativas*. Quando isso ocorre, incentive-os a pensarem na *ação alternativa* mais extrema possível e depois a reduzi-la a um comportamento que seja viável e que estejam dispostos a fazer. Por exemplo, considere um paciente que evita todas as interações com mulheres por medo de ofendê-las, e um de seus comportamentos emocionais é sair do trem se uma mulher se aproximar dele. A ação oposta mais extrema poderia ser caminhar até uma mulher desconhecida no trem, ficar ao lado dela e conversar. No entanto, o paciente pode não estar disposto a fazer isso. Assim, uma ação mais viável poderia ser ficar ao lado da mulher sem falar.

Nota do terapeuta

Pode ser particularmente difícil pensar em uma ação alternativa *para preocupação e ruminação. Para esses comportamentos, recomendamos o uso da* atenção plena às emoções *como ação alternativa. A atenção focada no presente é inerentemente inconsistente com ruminações sobre o passado ou preocupações com o futuro. Outra possível ação oposta para a preocupação pode ser a resolução de problemas, ou seja, fazer uma lista de etapas concretas para lidar com o problema e segui-las passo a passo. A atenção plena também é importante na resolução de problemas, já que o processo de* ancoragem no presente *pode fornecer um quadro útil pelo qual os pacientes podem implementar seu plano.*

11

Módulo 6: Reconhecimento e enfrentamento das sensações físicas

(Corresponde ao Capítulo 10 do Manual do Paciente)

VISÃO GERAL

Este capítulo foca na *exposição interoceptiva*, ou seja, a exposição a sensações físicas que estão associadas a (e às vezes podem desencadear) emoções intensas. Os exercícios descritos no Manual do Paciente são projetados para ajudá-los a obterem maior consciência das sensações físicas que fazem parte de uma reação emocional. Além disso, espera-se que esses exercícios e as exposições contínuas focadas nas sensações físicas ajudem os pacientes a aprenderem a tolerar e pensar de maneira diferente sobre essas sensações, além de oferecerem uma oportunidade para romper a associação condicionada entre as sensações e emoções fortes, como medo, ansiedade e tristeza.

OBJETIVOS DO MÓDULO

- Aumentar o entendimento dos pacientes sobre o papel que as sensações físicas desempenham na determinação das respostas emocionais.
- Ajudar os pacientes a identificarem as sensações físicas internas associadas às emoções.
- Engajar-se repetidamente em exercícios projetados para ajudar os pacientes a se tornarem mais conscientes de suas sensações físicas e a aumentarem a tolerância a esses sintomas.

MATERIAIS NECESSÁRIOS

- **Formulário de Exercícios do Teste de Sensações Físicas** localizado no Capítulo 10 do Manual do Paciente.
- Canudo fino ou mexedor de café.
- Cronômetro, temporizador ou relógio com ponteiro de segundos.
- Quaisquer outros materiais que possam ser relevantes para a reatividade fisiológica específica do paciente (p. ex., aquecedor de ambiente, pesos de pulso, cinto para apertar ao redor da cintura).
- **Formulário da Prática de Sensações Físicas** localizado no final do Capítulo 10 do Manual do Paciente.

REVISÃO DAS TAREFAS

Antes de iniciar este capítulo, revise o **Formulário Combatendo os Comportamentos Emocionais**, bem como quaisquer outros formulários que possam ter sido designados para prática adicional. Nesse ponto, os pacientes podem ter sido capazes de identificar *ações alternativas* para os comportamentos emocionais, mas estar com dificuldade em implementar essas novas respostas. Talvez seja útil trabalhar com o paciente para examinar os motivos específicos pelos quais ele não conseguiu avançar na execução dos novos comportamentos. Pode ser benéfico ajudá-lo a identificar e desafiar as expectativas de resultados sobre o que acredita que acontecerá se não se engajar em seus comportamentos emocionais atuais. Por exemplo, um paciente pode acreditar que, se não adotar um comportamento emocional específico, a emoção aumentará em intensidade ou será experimentada indefinidamente. Abordar essas preocupações ajudará o paciente a perceber que seus comportamentos emocionais não são adaptativos e, essencialmente, "limpará o caminho" para novas *ações alternativas*.

SENSAÇÕES FÍSICAS E A RESPOSTA EMOCIONAL

Da mesma forma que os pacientes aprendem a reconhecer pensamentos e comportamentos como parte da resposta emocional, é essencial que eles compreendam bem como as sensações físicas também podem contribuir para as emoções. Aqui, enfatizamos que, dependendo de como os pacientes interpretam e vivenciam essas sensações físicas, elas podem contribuir para a experiência emocional: podem ser uma parte importante do que torna a emoção difícil de tolerar. Por exemplo, considere uma pessoa que está fazendo um discurso diante de uma grande plateia e começa a sentir o aumento da frequência cardíaca, suor nas palmas das mãos, tontura e uma leve sensação de irrealidade. Se essas sensações forem vistas como ameaça à capacidade de continuar com o discurso, ela provavelmente experimentará uma intensificação da resposta emocional (incluindo as sensações físicas), o que, por sua vez, a fará se preocupar ainda mais com as sensações e assim por diante. Contudo, se a pessoa que está fazendo o discurso interpretar as sensações como uma reação normal que às vezes ocorre em situações de alta pressão e não acreditar que as sensações interferem significativamente em seu desempenho, ou aceitar essa possível interferência, é mais provável que consiga focar sua atenção no discurso e que, após um curto período de tempo, os sintomas diminuam por conta própria.

Ao falar sobre sensações físicas, é interessante enfatizar o papel que a interpretação pode desempenhar em mudar como o paciente vivencia essas sensações. Apresentamos essa ideia observando que o contexto em que as sensações físicas ocorrem pode influenciar nossa interpretação e nosso nível de aceitação dessas sensações. Por exemplo, parquinhos são projetados especificamente para induzirem sensações físicas fortes — tontura, coração acelerado, falta de ar, e assim por diante —, e, na verdade, é isso que os torna divertidos para as crianças! Da mesma forma, brinquedos de parques de diversões são projetados para provocarem sensações físicas semelhantes em adultos. No entanto, quando essas mesmas sensações surgem em um adulto ansioso, ou em um contexto no qual não são esperadas, elas são interpretadas de maneira muito diferente. Igualmente, você pode apontar como a mesma sensação física pode estar associada a diferentes emoções dependendo do contexto — como o rubor, que pode ser associado a orgulho, constrangimento ou raiva, dependendo dos pensamentos que o acompanham. Isso ilustra que as sensações físicas não são *inerentemente* ameaçadoras; em vez disso, são nossas interpretações dessas sensações que as fazem parecer ameaçadoras.

Nota do terapeuta

Como muitos praticantes sabem, a exposição interoceptiva tem sido tradicionalmente aplicada no tratamento do transtorno de pânico, no qual preocupações específicas sobre as consequências das experiências físicas são centrais para a psicopatologia. No entanto, tendo realizado exposição interoceptiva com pacientes com uma gama de diagnósticos, acreditamos firmemente que essa intervenção pode beneficiar qualquer paciente que experimente sensações físicas perceptíveis como parte de suas emoções fortes e desconfortáveis — ou seja, quase todos os pacientes, mesmo que inicialmente não identifiquem o medo de sensações físicas como um problema. Acreditamos nisso porque, como mencionado, as sensações físicas são parte do que convence um paciente de que ele não pode lidar com uma emoção indesejada. Por exemplo, um indivíduo com depressão pode sentir-se menos disposto a engajar-se em ativação comportamental ao experimentar a sensação de peso físico que acompanha o humor baixo. Uma pessoa com transtorno obsessivo-compulsivo pode relatar que seus pensamentos intrusivos parecem mais verdadeiros e ameaçadores quando acompanhados de excitação física. Pacientes com ansiedade social podem perceber que rubor ou suor aumenta a probabilidade de surgirem avaliações negativas durante uma interação social. Aqueles com ansiedade generalizada frequentemente sentem um maior impulso para se engajarem em comportamentos emocionais de evitação (p. ex., procrastinação) quando as preocupações são acompanhadas por sensações físicas indesejadas, como aumento da frequência cardíaca ou tensão muscular. Em cada um desses casos, o processo é o mesmo: as preocupações com as sensações físicas aumentam a aversão à experiência emocional, o que aumenta a pressão para suprimir as sensações físicas como uma forma de enfrentamento.

A discussão inicial sobre o papel das sensações físicas na resposta emocional oferece aos pacientes uma justificativa para realizarem exercícios destinados a aumentar a flexibilidade de suas interpretações sobre as sensações físicas. Em seguida, aproveite a oportunidade para identificar as sensações físicas que surgem com mais frequência durante as experiências emocionais, revisando exemplos anteriores do **Formulário do Modelo de Três Componentes das Emoções** ou do **Formulário Seguindo seu ARC**, se necessário. Depois, prossiga para uma discussão sobre a evitação de sensações físicas e o valor de realizar exposições a essas sensações.

EVITAÇÃO DAS SENSAÇÕES FÍSICAS

A evitação das sensações físicas é comum em pessoas que sofrem de transtorno de pânico. No entanto, em nossa experiência, pacientes com outros sintomas ansiosos e depressivos também exibem algum nível de evitação de sensações físicas. Evitações mais óbvias incluem atividades que despertam sensações físicas intensas, como exercícios físicos, discussões com amigos, filmes emocionantes ou relações sexuais. Os pacientes podem evitar substâncias que naturalmente produzem sensações físicas, como bebidas cafeinadas, chocolate, bebidas energéticas e até medicamentos de venda livre. A evitação também inclui distrair-se de pensamentos sobre sensações físicas. É claro que a evitação impede novos aprendizados sobre a capacidade de tolerar sensações físicas no contexto de uma emoção forte e, em vez disso, mantém a vigilância e a sensibilidade aguda a essas sensações. Portanto, a maior parte deste módulo é dedicada a ajudar o paciente a confrontar repetidamente as sensações físicas, para que ele possa aumentar a tolerância a elas e aprender que essas sensações não são prejudiciais.

Ao longo de várias dessas práticas, a ansiedade sobre os sintomas eventualmente diminui. Fazer os pacientes enfrentarem sistematicamente suas sensações temidas é muito diferente de como eles podem ter experimentado essas sensações no passado, pois essas experiências provavelmente foram acompanhadas de medo e evitação significativa. Nesse caso, os pacientes trabalharão para aceitar, em vez de evitar, as sensações físicas que caracterizam suas experiências emocionais desconfortáveis. Aqui está um exemplo de como você pode descrever a exposição interoceptiva a um paciente, baseando-se em conversas do módulo anterior sobre comportamentos emocionais:

Como discutimos ao longo deste tratamento, estamos trabalhando para desenvolver uma atitude de mais aceitação e disposição em relação às emoções e suas partes. Acabamos de falar sobre como as interpretações das sensações físicas realmente influenciam como elas nos afetam, e isso aparece quando pensamos em alguns dos modelos de três componentes e ARCs da emoção que você fez anteriormente. Lembre-se de como você apontou que sente tensão muscular por todo o corpo quando está preocupado com sua família, e isso faz você sentir que deveria ligar para eles só para poder relaxar? Mas descobrimos na última sessão que ligar para sua família é um comportamento emocional que pode contribuir para que você continue ansioso em longo prazo. Idealmente, a sensação de tensão muscular não aumentaria esse impulso de ligar para sua família assim que você tivesse uma preocupação. Com isso em mente, vamos trabalhar para construir uma atitude mais tolerante em relação aos seus sentimentos físicos de tensão e outras sensações que surgem quando você está emocionalmente abalado. Assim como temos praticado ações alternativas para contrapor os comportamentos emocionais, vamos praticar uma ação alternativa em relação a como você normalmente responde à sensação de tensão muscular. Em vez de fazer algo imediatamente para se sentir mais confortável, vamos praticar a indução intencional de tensão muscular e, em seguida, não fazer nada — apenas tolerar a sensação e o desconforto que ela traz, observando-a mudar por conta própria. Faremos isso repetidamente até que você se acostume mais com as sensações, até que não se preocupe mais com a ideia de que elas levarão a consequências negativas ou se tornarão intoleráveis.

EXERCÍCIOS DE INDUÇÃO DE SINTOMAS

Antes de realizar a exposição interoceptiva, é essencial identificar aqueles exercícios que provavelmente vão evocar as sensações físicas mais semelhantes às que surgem no contexto de emoções intensas e que sejam, pelo menos, moderadamente angustiantes para cada paciente. As instruções para a aplicação dessas atividades estão no Manual do Paciente, mas geralmente envolvem realizar o exercício com máxima intensidade por 60 segundos. Vários exercícios específicos são descritos no Manual do Paciente, mas é importante ser criativo ao tentar desenvolver alguns que sejam mais relevantes, considerando os sintomas apresentados pelo paciente. O **Formulário de Exercícios do Teste de Sensações Físicas** pode ser usado para avaliar a resposta do paciente a essas práticas durante a sessão. Após cada exercício, os pacientes devem avaliar o nível de desconforto associado aos sintomas e a semelhança desses sintomas com os que ocorrem normalmente como parte de uma resposta emocional. Cada um desses itens é avaliado em uma escala de 0 a 10 pontos, onde 0 = nenhum, 5 = moderado e 10 = extremo. Com base nos resultados dessa avaliação, vários exercícios podem ser selecionados para prática adicional durante a sessão ou atribuídos ao paciente como tarefa.

Os exercícios de indução de sintomas devem ser realizados de maneira a evocar as sensações o mais intensamente possível. Embora os pacientes possam inicialmente ser capazes de realizar os exercícios por um curto período de tempo, a duração da exposição pode ser gradualmente estendida. No entanto, é importante que as sensações sejam totalmente induzidas e que o paciente continue com a exposição para além do ponto em que as sensações são inicialmente percebidas, pois encerrar as atividades ao primeiro sinal das sensações reforçará o medo dos sintomas. As habilidades de atenção plena desenvolvidas anteriormente no tratamento também devem ser aplicadas durante os exercícios. Deve-se instruir o paciente a focar em suas sensações enquanto realiza os exercícios, sem tentar se distrair delas. Se o paciente perceber certos pensamentos durante as práticas, ele não deve realizar reavaliação cognitiva nesse momento, mas sim simplesmente notar esses pensamentos como parte da experiência. Todas as formas de evitação (p. ex., distração, indução mínima de sintomas, a presença de sinais de segurança) devem ser evitadas para que os pacientes obtenham os maiores benefícios das exposições.

Nota do terapeuta

Antes de realizar os exercícios de indução de sintomas, deve-se avaliar totalmente quaisquer condições médicas que tornariam esses exercícios prejudiciais ao paciente e consultar, conforme necessário, o profissional médico do paciente. Também é importante diferenciar o desconforto psicológico do verdadeiro risco de dano. Por exemplo, um paciente diagnosticado com transtorno de pânico que teme ter um ataque cardíaco ao correr no lugar (na ausência de qualquer condição cardíaca) é diferente de um paciente que poderia estar em risco de parada cardíaca devido a uma condição médica documentada.

EXPOSIÇÕES REPETIDAS

Depois de estabelecer os exercícios que evocam sensações físicas mais semelhantes aos sintomas naturais do paciente, deve-se identificar as consequências temidas associadas a essas sensações. Exemplos de consequências temidas podem incluir desmaiar, vomitar, morrer, ter um ataque cardíaco, ter um ataque de pânico completo, perder o controle, sentir-se angustiado por muito tempo ou ser incapaz de realizar outras tarefas após os exercícios. É importante identificá-las porque o objetivo da exposição interoceptiva (e da exposição emocional em geral) é desafiar as expectativas sobre o significado ou as consequências da experiência. Depois de reconhecer as consequências temidas, você deve pedir ao paciente que realize os exercícios repetidamente, tanto durante a sessão quanto como tarefa. Idealmente, o paciente praticará primeiro no consultório para que você possa ajudá-lo a solucionar problemas, particularmente observando sinais sutis de evitação (p. ex., parar prematuramente, não se engajar totalmente, distrair-se). A duração dos testes de exposição interoceptiva pode ser gradualmente aumentada para ensinar o paciente sobre sua capacidade de lidar com exercícios progressivamente mais "difíceis", sobretudo se o desconforto diminuir rapidamente com a prática inicial.

Seguindo as recomendações de pesquisa para a administração da exposição interoceptiva (p. ex., Deacon et al., 2013), sugerimos a realização do mesmo exercício repetidamente, sem pausas entre as tentativas — o paciente espera apenas o tempo necessário para fornecer as avaliações de desconforto e semelhança. Os exercícios devem continuar até que o paciente não espere mais que suas consequências temidas ocorram. Para avaliar isso, você pode optar por pedir ao paciente que faça avaliações de expectativa (p. ex., "Acho que há 40% de chance de que respirar com canudo me faça perder o controle"), embora isso não faça parte formal do registro. É provável, mas não garantido ou necessário, que o desconforto diminua ao longo das tentativas. Se um paciente estiver experimentando diminuição do desconforto, uma boa regra é continuar até que o desconforto não ultrapasse 3 em uma escala de 10. No entanto, o mais importante é mudar as expectativas e interpretações sobre a experiência de sensações físicas e criar disposição para vivenciar essas sensações, independentemente de serem desconfortáveis ou não.

TAREFAS

- Peça ao paciente que se envolva repetidamente em exposições de sensações físicas, seguindo as instruções no **Formulário da Prática de Sensações Físicas**. Esse formulário pode ser usado para ajudar nos exercícios de indução de sintomas em casa. Atribua três breves exercícios de exposição a sensações físicas, que devem ser acordados entre você e seu paciente durante a sessão.

- Instrua o paciente a continuar monitorando o progresso completando as **Escalas de Ansiedade** e **de Depressão** (bem como as **Escalas de Outras Emoções** e **de Emoções Positivas**, caso ele esteja usando) e registrando suas pontuações no **Registro de Progresso**.

VINHETAS

Vinheta #1

Nas duas vinhetas a seguir, o terapeuta fornece uma explicação sobre como a hiperventilação pode contribuir para as sensações físicas que o paciente sente e explica que é improvável que o exercício resulte em desmaio (o que preocupa particularmente esse paciente).

P: Por que hiperventilar causa todas essas sensações físicas que sinto?

T: Boa pergunta. Sem entrar em muitos detalhes, a hiperventilação essencialmente leva a baixos níveis de dióxido de carbono no sangue. Isso causa muitos dos sintomas que você pode sentir ao hiperventilar. Por exemplo, níveis baixos de dióxido de carbono fazem os vasos sanguíneos do cérebro se contraírem, resultando em uma leve redução do fluxo sanguíneo para o cérebro, o que causa a sensação de tontura. Respirar devagar ou apenas permitir que seu corpo se autorregule trará o equilíbrio de oxigênio e dióxido de carbono de volta ao normal, e os sintomas físicos naturalmente diminuirão.

Vinheta #2

P: Não vou desmaiar se fizer o exercício de hiperventilação?

T: A resposta curta é não. Pelo menos, seria muito improvável, a menos que você seja especialmente propenso a desmaiar. Quando as pessoas desmaiam, em geral é devido a uma queda súbita na pressão arterial e/ou na frequência cardíaca. Isso não é o que acontece durante a hiperventilação. É possível desmaiar por hiperventilação, mas isso costuma ocorrer quando as pessoas hiperventilam por longos períodos de tempo e/ou seguram a respiração logo depois. Nosso exercício não é realmente longo o suficiente para causar isso. No entanto, é provável que produza algumas sensações físicas que podem ser um pouco desconfortáveis, incluindo tontura, aumento da frequência cardíaca e formigamento nas mãos e no rosto. Essas são sensações normais e não significam necessariamente que você vai desmaiar.

Vinheta #3

Na vinheta a seguir, o terapeuta fornece uma justificativa sobre por que o paciente deve praticar os exercícios interoceptivos, mesmo que não sinta medo particular de nenhuma sensação física.

P: Eu não acho que tenho medo de nenhuma sensação física. Você acha que ainda deveríamos fazer os exercícios?

T: Sim, acho que deveríamos. Mesmo que você não tenha medo de sensações físicas, os exercícios lhe darão uma chance de realmente focar nessas sensações e aumentar sua consciência dessa parte da resposta emocional. Assim, quando você experimentar uma reação emocional forte, será mais capaz de perceber a reação física que ocorre como parte dessa resposta. Também aprendemos que esses exercícios podem ser úteis mesmo que as sensações físicas não sejam o que você teme, porque, mesmo nesses casos, as sensações físicas são parte do que torna as emoções difíceis de tolerar.

Vinheta #4

Na próxima vinheta, o terapeuta fornece ao paciente diretrizes sobre quando parar de praticar os exercícios de hiperventilação.

P: Hiperventilar me deixa tonto e com formigamento, não importa quantas vezes eu faça isso. Quando devo parar de fazer?

T: Você se sente angustiado quando fica tonto ou com formigamento?

P: Não mais. Inicialmente eu me sentia... isso me incomodava bastante... mas agora é apenas desconfortável. Eu não gosto muito, mas não me deixa ansioso nem nada.

T: Se você não se sente mais angustiado pelas sensações, não há necessidade de continuar com o exercício. Lembre-se, os exercícios não são projetados para eliminar as sensações, mas para diminuir seu desconforto em relação a elas. Você pode voltar a eles de vez em quando, apenas para praticar, mas, fora isso, acho que você pode seguir para outro exercício.

RESOLUÇÃO DE PROBLEMAS

Os exercícios não são angustiantes

Alguns pacientes não relatam muito desconforto durante os exercícios de indução de sintomas, e há várias razões para isso. Talvez seja necessário realizar exercícios diferentes dos listados no Manual do Paciente para algumas pessoas. Você deve trabalhar em colaboração com o paciente para identificar qualquer evitação de sensações físicas e, em seguida, usar essas informações para construir um exercício que seja mais provável de evocar sensações físicas fortes (e angústia). A seguir estão exemplos de exercícios físicos a serem experimentados, que também podem ser encontrados no Manual do Paciente.

- **Para aumentar sua frequência cardíaca:** fazer agachamentos, flexões, subir e descer escadas.
- **Para sentir calor e suor:** fazer agachamentos, sentar na frente de um aquecedor, usar um casaco pesado em ambientes fechados.
- **Para sentir tontura:** girar a cabeça de um lado para o outro ou sentar-se com a cabeça entre as pernas e depois levantá-la rapidamente.
- **Para sentir-se desorientado:** olhar para um espelho com o rosto a poucos centímetros de distância, olhar para uma lâmpada ou padrão brilhante (p. ex., persianas) e depois desviar o olhar de repente.
- **Para sentir tremores:** segurar livros ou pesos esticando os braços para os lados do corpo até que eles comecem a tremer ou manter-se na posição de prancha até seu corpo começar a tremer.
- **Para sentir-se pesado ou cansado:** usar pesos de pulso ou de tornozelo ou uma mochila pesada enquanto realiza atividades diárias por cinco minutos.
- **Para sentir náusea ou sensação de estar cheio:** beber uma grande quantidade de água e usar um cinto apertado.

O paciente engaja-se em evitação sutil ou fuga

Você também deve estar ciente de que alguns pacientes interrompem os exercícios antes de experimentarem totalmente as sensações físicas. Eles podem cessar os exercícios assim que as sensações são percebidas ou não realizar o exercício com a intensidade necessária para evocar plenamente as sensações físicas. Você deve abordar essa evitação e ajudar os pacientes a modificarem suas crenças ansiosas em relação a essa situação. Mesmo que o paciente não relate muito desconforto ao concluir os exercícios, ele ainda deve ser orientado a realizá-los repetidamente para ajudar a facilitar uma maior conscientização das sensações físicas quando elas ocorrerem em outros contextos.

Problemas ao implementar os exercícios em casa

Ocasionalmente, os pacientes relatam dificuldades para realizar os exercícios de sintomas em casa. Muitas vezes, isso ocorre porque a percepção de segurança proporcionada pelo terapeuta ou pelo ambiente terapêutico não está mais presente. Os pacientes ficam preocupados que, se experimentarem sensações físicas fortes, não se recuperarão tão facilmente da experiência ou que isso pode levar a emoções mais intensas. Você deve ajudar seu paciente a identificar as consequências percebidas e trabalhar com ele para colocar as coisas em perspectiva (p. ex., "Qual é o pior que pode acontecer?"; "O que aconteceu quando você teve essas sensações enquanto estava sozinho no passado?"). Uma abordagem graduada também pode ser utilizada. O paciente poderia começar os exercícios na presença de um amigo ou familiar, ou até mesmo em seu consultório, com você fora da sala. Depois, ele praticaria sozinho.

Aversão condicional às sensações físicas

Às vezes, os pacientes só experimentam aflição em relação às sensações em certas situações, mas não em outras. Em geral, isso ocorre devido à forma como o paciente pensa sobre as sensações naquele contexto específico. Por exemplo, sentir tontura pode ser percebido como muito mais perigoso ao dirigir do que em outra situação. Você deve examinar o tipo de pensamentos que tornam os sintomas mais perigosos nesses contextos. Lembre seu paciente de que, na realidade, os sintomas não são mais prejudiciais nessa situação do que em outras, incluindo o seu consultório. Além disso, em alguns casos, as preocupações com sensações físicas podem não estar intrinsecamente relacionadas à excitação física, mas sim a outro aspecto da experiência (p. ex., medo de julgamento quando surgem sintomas físicos visíveis em situações sociais). Nesses casos, também será importante combinar a exposição interoceptiva com a exposição situacional em sessões futuras.

12

Módulo 7: Exposições emocionais

(Corresponde ao Capítulo 11 do Manual do Paciente)

VISÃO GERAL

O foco principal deste módulo é nas *exposições emocionais*. Esses são exercícios projetados especificamente para provocar fortes respostas emocionais, permitindo que os pacientes coloquem em prática as habilidades que desenvolveram até o momento na terapia. Após uma breve introdução ao conceito de *exposições emocionais* e à justificativa para se engajar nesses exercícios, você ajudará o paciente a confrontar gradualmente estímulos internos e externos que produzem reações emocionais intensas, enquanto o auxilia a modificar suas respostas a essas emoções. Você o ajudará a incorporar as habilidades aprendidas na terapia (p. ex., atenção focada no presente, ausência de julgamento, reavaliação cognitiva) em sua prática de exposição e a lidar com qualquer evitação emocional (ou outros comportamentos) que possam dificultar o progresso do tratamento.

> **Nota do terapeuta**
>
> *Devem ser dedicadas pelo menos duas sessões a este módulo; no entanto, para muitos pacientes, pode ser benéfico dedicar várias sessões à prática das exposições emocionais, se possível. Este módulo reúne todas as habilidades aprendidas no tratamento e proporciona aos pacientes uma oportunidade de consolidar o aprendizado.*

OBJETIVOS DO MÓDULO

- Ajudar os pacientes a compreenderem o propósito das *exposições emocionais.*
- Auxiliar os pacientes no desenvolvimento de uma hierarquia de medo e evitação e na elaboração de exercícios eficazes de *exposição emocional.*
- Ajudar os pacientes a praticarem repetidamente o enfrentamento de emoções intensas por meio de exercícios de *exposição emocional.*

MATERIAIS NECESSÁRIOS

- **Materiais para Exercícios de Indução Emocional** (específicos para cada paciente).
- **Hierarquia de Exposições Emocionais** localizada no Capítulo 11 do Manual do Paciente.
- **Formulário do Registro da Prática de Exposições Emocionais** localizado no final do Capítulo 11 do Manual do Paciente.

REVISÃO DAS TAREFAS

Após revisar as **Escalas de Ansiedade** e **de Depressão** do paciente (bem como as **Escalas de Emoções Positivas** e **de Outras Emoções**, se aplicável) e o **Registro de Progresso**, além de quaisquer formulários adicionais que possam ter sido atribuídos para o progresso contínuo, revise o **Formulário da Prática de Sensações Físicas**. O paciente conseguiu praticar os exercícios de indução de sintomas físicos que foram atribuídos? Como observado no capítulo anterior, há várias razões pelas quais os pacientes podem ter dificuldade em completar esses exercícios em casa (mesmo que tenham conseguido completá-los durante a sessão de tratamento). Trabalhe com o paciente para identificar razões específicas pelas quais os exercícios podem não ter sido concluídos e desenvolva colaborativamente um plano para abordar essas dificuldades. Você também pode realizar os exercícios junto com eles na sessão como *exposições emocionais* (veja a discussão a seguir).

EXPOSIÇÕES EMOCIONAIS

O restante do tratamento foca na exposição a estímulos internos e externos que podem produzir reações emocionais intensas ou fortes. Vamos chamá-las de *exposições emocionais*, pois o foco principal da exposição não é a situação específica, imagem ou atividade, mas sim a própria emoção. Essa parte do tratamento provavelmente será a mais difícil para os pacientes, mas é uma oportunidade para que coloquem em prática as habilidades que aprenderam (como atenção focada no presente e sem julgamento, identificação de pensamentos automáticos e enfrentamento de comportamentos emocionais), para que, ao final do tratamento, se sintam confiantes em sua capacidade de lidar com experiências emocionais futuras à medida que elas surgirem. É muito importante que os pacientes dediquem tempo e esforço suficientes durante essa última parte do tratamento, pois é frequentemente aqui que muitos observam as mudanças mais significativas ocorrerem.

Nota do terapeuta

O objetivo das exposições emocionais *não é a redução imediata da resposta emocional, mas sim que os pacientes aprendam algo novo como resultado da experiência. Consistentes com o foco nas emoções e na regulação emocional, conceitualmente, todas as exposições são direcionadas para que os pacientes experimentem suas emoções plenamente (o que significa reduzir padrões de evitação) e implementem novas respostas. A tolerância às emoções é um objetivo de aprendizado crítico das* exposições emocionais.

Em relação à mudança na forma como os pacientes experimentam e respondem às emoções, as *exposições emocionais* são importantes pelos seguintes motivos:

1. As interpretações e avaliações sobre o perigo das situações (seja de natureza interna ou externa) começam a mudar, e surgem interpretações e avaliações mais adaptativas.
2. A evitação e o subsequente prejuízo funcional são revertidos.
3. Os comportamentos emocionais podem ser reconhecidos e modificados.

De maneira geral, os pacientes saem com novas associações não aflitivas sobre a situação que provoca emoções ou sobre a própria emoção. Por exemplo, para um paciente com transtorno de estresse pós-traumático:

- **Associação antiga:** a situação (revisitar o local onde o trauma ocorreu) está associada à resposta (*flashback*, ataque de pânico) e ao significado ("Serei atacado novamente", "Não vou conseguir lidar com isso").
- **Nova associação:** revisitar o local onde o trauma ocorreu não leva à recorrência do(s) evento(s) traumático(s), e o paciente é capaz de tolerar emoções fortes sem fugir.

De maneira similar, para um paciente com depressão:

- **Associação antiga:** a situação (sair com amigos ou familiares) está associada à resposta (fadiga, humor deprimido, vontade de focar em sentimentos negativos) e ao significado ("Isso é inútil", "Nunca serei feliz", "Não suporto me sentir assim").
- **Nova associação:** a interação social é reforçadora. Não leva a um aumento no humor deprimido ou a um desejo de focar na emoção, nem desperta pensamentos negativos sobre a situação.

INTRODUÇÃO ÀS EXPOSIÇÕES EMOCIONAIS NA SESSÃO

As *exposições emocionais* na sessão ajudam os pacientes a aprenderem como realizar *exposições emocionais* enquanto processam as emoções imediatamente com o terapeuta. Embora nem sempre seja viável, as exposições na sessão devem ser conduzidas sempre que possível. Quando você conduz uma exposição com o paciente, é mais fácil fornecer *feedback* corretivo e instruções claras, fazer modelagem participativa e facilitar a tolerância do paciente às emoções durante o exercício.

As tarefas específicas de exposição variam de pessoa para pessoa. A **Hierarquia de Exposições Emocionais** no Manual do Paciente pode ser usada para ter uma ideia dos tipos de situações que tendem a desencadear emoções desconfortáveis para muitos pacientes e das situações que são mais evitadas. Vários tipos de exercícios de *exposição emocional* são detalhados no Manual do Paciente e também são descritos aqui. Estes incluem exposições emocionais baseadas em situações, imaginação e sensações físicas. Todos esses exercícios podem ser usados para ajudar os pacientes a praticarem as habilidades que aprenderam ao longo do tratamento.

Exposições emocionais baseadas em situações

As *exposições emocionais baseadas em situações* envolvem a entrada em situações que provavelmente provocarão reações emocionais intensas (e/ou que o paciente atualmente evita). Por exemplo, um indivíduo com transtorno de pânico e agorafobia que evita o transporte público pode intencionalmente pegar o metrô.

Exposições emocionais imaginais

As *exposições emocionais imaginais* envolvem o enfrentamento de pensamentos, preocupações ou memórias angustiantes. Esse tipo de exposição é eficaz para medos/preocupações que não podem ser confrontados na vida real (ou no momento atual) e/ou para indivíduos que se preocupam que pensar ou imaginar algo possa aumentar a emoção ou tornar o resultado temido mais provável. Por exemplo, um indivíduo com transtorno obsessivo-compulsivo que realiza rituais excessivos de checagem para garantir que não deixou o fogão ligado e que a casa não pegará fogo pode ser solicitado a imaginar esse pior cenário acontecendo. Da mesma forma, uma pessoa com transtorno de ansiedade generalizada que se preocupa excessivamente com a saúde de seus entes queridos pode imaginar esses entes morrendo, incluindo seus piores medos sobre como seria sua vida depois.

Exposições emocionais a sensações físicas

As *exposições emocionais a sensações físicas* envolvem o enfrentamento de sensações físicas desconfortáveis que podem estar contribuindo para emoções intensas. Por exemplo, para um paciente com ansiedade social, você pode focar em fazer o paciente evocar sensações físicas angustiantes e intensas que geralmente surgem durante uma apresentação (p. ex., coração acelerado, rosto avermelhado, mãos suadas) por meio de exercícios de indução de sintomas. Observe que as exposições interoceptivas podem ser combinadas com exposições situacionais e/ou imaginais para aumentar a intensidade da emoção experimentada. Por exemplo, você pode pedir ao paciente que suba vários lances de escada para induzir sensações físicas desconfortáveis antes de entrar em uma conversa que provoca ansiedade com outra pessoa.

Nota do terapeuta

Ao projetar exposições, é importante considerar que emoções desconfortáveis ou aversivas podem ter valência negativa ou positiva. Por exemplo, um paciente que luta com preocupações recorrentes e tensão pode achar difícil se envolver completamente em uma atividade prazerosa e "deixar as preocupações de lado". A experiência de emoções positivas pode evocar ansiedade por "ser pego de surpresa". Da mesma forma, um paciente que luta com dúvidas obsessivas pode achar difícil desfrutar de um jantar com amigos. Permitir-se estar totalmente presente no momento sem se refugiar em pensamentos intrusivos pode ser particularmente ansiogênico. Portanto, pode ser importante projetar exposições emocionais em torno de experiências emocionais tanto negativas quanto positivas.

REALIZANDO EXPOSIÇÕES EMOCIONAIS NA SESSÃO

Depois que a tarefa específica de *exposição emocional* foi identificada, dedique um tempo com o paciente para preparar a exposição, realizando alguns ou todos os seguintes passos antes de tentar a tarefa.

1. Entre em acordo com o paciente sobre tarefa específica que será realizada (geralmente retirada da **Hierarquia de Exposições Emocionais**).
2. Discuta pensamentos ansiosos ou negativos que ocorrem antes de iniciar a tarefa ou aqueles que se espera que ocorram durante a tarefa, e considere outras interpretações.
3. Lembre o paciente da importância de aplicar a *atenção plena às emoções* durante a exposição.
4. Identifique comportamentos emocionais que provavelmente interferirão na exposição. Além disso, pode ser interessante definir metas comportamentais para a exposição (p. ex., manter contato visual em uma situação social, permanecer em um ambiente que provoca ansiedade por pelo menos cinco minutos, evitar pedir reasseguramento).

Você deve estruturar a tarefa de forma que permita a aprendizagem de algo novo. Isso geralmente envolve algum nível de esclarecimento sobre o que mais preocupa o paciente ou o que ele antecipa que acontecerá, para que a exposição possa, então, ser direcionada a desafiar essas expectativas negativas de resultado. Se o que mais preocupa o paciente é a resposta emocional em si, então o aprendizado corretivo é sobre a capacidade de tolerar certas respostas emocionais ou níveis sustentados de desconforto. Em todas as *exposições emocionais*, é extremamente importante que você "perceba" qualquer momento em que o paciente está evitando as emoções, como mudar de assunto, "quebrar" o papel da exposição, distrair-se, e assim por diante. Assim que notar essas respostas emocionais inadequadas, ajude o paciente a perceber que ele está evitando a experiência emocional completa e redirecione a atenção dele de volta à emoção.

Durante as exposições na sessão, deve-se ser diretivo e confiante e encorajar o paciente a continuar com a exposição, mesmo ao experimentar emoções intensas e desconfortáveis. Tome cuidado para não reforçar a percepção do paciente de que ele é incapaz de tolerar emoções negativas e tente não colaborar com ele ao engajar-se em padrões de evitação ou comportamentos emocionais adaptativos, como mencionado anteriormente. Além disso, é importante que você não sugira ao paciente que uma situação em particular pode ser difícil ou angustiante demais. Por isso, no início, pode ser melhor escolher atividades próximas ao meio da hierarquia do paciente para que ele tenha uma chance de sucesso. Isso permitirá que ele obtenha uma sensação de domínio sobre uma experiência aversiva, enquanto se torna mais tolerante às emoções. Com o tempo, você ajudará o paciente a trabalhar gradual e sistematicamente a hierarquia.

Depois de concluída a exposição, reserve pelo menos 10 minutos para processá-la com o paciente. O **Formulário do Registro da Prática de Exposições Emocionais** pode ser usado para esse propósito. Trabalhe com o paciente para identificar e explorar as emoções que ele experimentou durante a tarefa no modelo de três componentes. Além disso, peça para ele considerar o que aprendeu ao se engajar na exposição e o que poderia fazer para tornar a próxima exposição mais eficaz. Essa discussão ajudará a reconhecer comportamentos emocionais que podem precisar ser abordados em exposições futuras. Também ajudará a definir maneiras de aumentar o nível de dificuldade das exposições futuras e torná-las mais eficazes no geral. Por fim, destaque as conquistas do paciente e forneça reforço positivo por completar (ou pelo menos tentar) a tarefa.

TRANSFERINDO EXPOSIÇÕES EMOCIONAIS PARA O MUNDO REAL

Um fator crucial para o sucesso do tratamento está na continuidade da prática das *exposições emocionais* fora das sessões. Realizar as exposições no mundo real é importante por várias razões. Primeiro, permite que o paciente aplique diretamente as habilidades que aprendeu no tratamento ao contexto de sua vida diária. Segundo, praticar exposições *in vivo* permite que ele desenvolva um senso de autonomia ou controle sobre seu próprio tratamento, facilitando a transição da dependência do terapeuta para a independência. Finalmente, o tempo efetivo gasto em terapia representa menos de 1% das horas de vigília do paciente; portanto, para que realmente aprenda as habilidades apresentadas no protocolo, é essencial que ele continue as praticando fora das sessões.

Você e o paciente trabalharão juntos para projetar *exposições emocionais* que possam ser praticadas fora da sessão terapêutica. Novamente, a **Hierarquia de Exposições Emocionais** no Manual do Paciente pode ser usada para identificar possíveis *exposições emocionais*. Por exemplo, um indivíduo que enfrenta sintomas de pânico pode pegar um metrô lotado para ir ao trabalho. Uma pessoa com fobia social pode se engajar propositalmente em uma conversa com um colega de trabalho desconhecido. Um paciente que teme cachorros após ter sido mordido pode visitar um abrigo de animais e praticar acariciá-los. Ou uma pessoa com pensamentos intrusivos e angustiantes pode anotar seus pensamentos mais temidos e lê-los em voz alta diariamente.

REVISÃO DA TAREFA

- Peça ao paciente para praticar as *exposições emocionais* repetidamente (recomendamos pelo menos três vezes por semana) e registrar sua prática no **Formulário do Registro da Prática de Exposições Emocionais** no Manual do Paciente. À medida que o tratamento progride, as exposições devem aumentar em dificuldade, e o paciente deve ser encorajado a assumir mais responsabilidade em projetar suas próprias exposições. Dedique tempo para processar as exposições praticadas durante a semana no início da sessão seguinte, prestando atenção especial a qualquer padrão de evitação emocional ou obstáculos que possam ter dificultado a conclusão bem-sucedida das exposições. Como mencionado, o paciente deve sempre receber reforço positivo por qualquer tentativa de exposição, e você e o paciente devem trabalhar juntos para tornarem as exposições mais eficazes e continuamente aumentarem sua dificuldade.
- Instrua o paciente a continuar monitorando o progresso completando as **Escalas de Ansiedade** e **de Depressão** (bem como as **Escalas de Outras Emoções** e **de Emoções Positivas**, se estiver usando) e registrando suas pontuações no **Registro de Progresso**.

VINHETAS

Vinheta #1

Nesta vinheta, o terapeuta esclarece o propósito das *exposições emocionais* e oferece orientações sobre como completá-las de forma mais eficaz.

P: Realizei a *exposição emocional* que discutimos. Fiquei no metrô durante todo o tempo previsto, mas meu medo não diminuiu. Estava apavorado.

T: Isso é ótimo!

P: Como assim ótimo!? Eu me senti péssimo. Não gostei de sentir medo. Achei que iria melhorar, mas nunca melhorou.

T: O objetivo das *exposições emocionais* não é realizá-las sem nenhum medo. O que realmente importa é como você experiencia e responde a essa emoção. Escolhemos essa situação propositalmente, porque sabíamos que traria emoções desconfortáveis. Queríamos que você aprendesse algumas coisas. Primeiro, como discutimos, era importante você se expor a essa situação para ver que aquilo que você pensou que aconteceria, na verdade, não aconteceu. Foi muito melhor do que você imaginava. Segundo, queríamos que você desenvolvesse uma maior tolerância às suas emoções, nesse caso, o medo. O ponto aqui é que, apesar de sentir medo, você permaneceu até o final.

P: Você acha que da próxima vez vai ser melhor? Quer dizer, vou acabar tendo menos medo?

T: É provável que ao continuar a pegar o metrô, o medo diminua gradualmente. Mas isso depende de você evitar as emoções naquela situação ou de fazer algo para tornar a situação menos assustadora.

P: Por que isso importa mesmo?

T: Bem, como discutimos, envolver-se em evitação impede que você realmente aprenda que a situação não é perigosa. Nesse caso, você receava que o seu medo pudesse se intensificar tanto que você perderia o controle... que você poderia enlouquecer.

P: Com certeza. Então você está dizendo que, se eu apenas permitir que meu medo esteja lá e não fizer nada para evitá-lo, eventualmente ele diminuirá?

T: De novo, isso depende um pouco de você. No geral, eu sugeriria que você se concentrasse mais em reduzir padrões de evitação e em modificar comportamentos motivados pela emoção, em vez de se preocupar tanto com o que acontece com o medo. É importante estar ciente da experiência emocional e talvez até fazer uma rápida checagem dos três componentes para perceber seus pensamentos, sentimentos e comportamentos à medida que a emoção se desenvolve. Mas depois disso é só "surfar na onda". Quero dizer, ativamente não fazer nada. Apenas permita que a emoção esteja lá e, em seguida, observe o que acontece como resultado. Você está perdendo a cabeça? Está fazendo algo incontrolável? Se você não fizer nada para evitar ou escapar, estará na melhor posição para aprender que seu medo não é perigoso nesta situação, e é bem provável que a emoção acabe diminuindo.

Vinheta #2

Na vinheta a seguir, o terapeuta ajuda o paciente a identificar as cognições ansiosas que ele experimentou ao tentar uma *exposição emocional*.

P: Fiquei na reunião por um tempo, mas eventualmente tive que sair de lá.

T: E por que foi isso?

P: Bem, comecei a me sentir muito perturbado. Minha visão ficou embaçada e tive dificuldade em focar no que meu chefe estava dizendo.

T: E então, o que aconteceu?

P: Bem, me desculpei e saí para tomar um ar. Eu realmente tentei ficar, mas as sensações ficaram tão intensas. Sabia que, se ficasse um pouco mais, algo ruim poderia acontecer.

T: Por que você sentiu a necessidade de se proteger dessas sensações? Quais foram seus pensamentos sobre o que poderia acontecer se você ficasse?

P: Eu só estava preocupado que pudesse dizer algo estúpido, porque não conseguia me concentrar direito... por causa das sensações que estava sentindo.

T: Parece que talvez devêssemos dedicar um tempo para observar um pouco mais de perto esses pensamentos.

Vinheta #3

Na vinheta a seguir, o terapeuta auxilia a paciente a desenvolver estratégias para modificar seus comportamentos motivados pela emoção durante uma *exposição emocional*.

P: Continuo deixando a situação cedo demais, bem quando minha emoção atinge o auge. O que você acha que eu deveria fazer para permanecer nela?

T: Às vezes é difícil ir contra nossos comportamentos motivados pela emoção, especialmente quando eles foram reforçados por tanto tempo. Quero dizer, nesse ponto, você sabe que escapar da situação vai lhe trazer alívio. Então é difícil não fazer isso. Acho que há algumas coisas que você pode tentar aqui. Você pode escolher uma situação um pouco mais baixa em sua hierarquia. Talvez escolher algo que seja um pouco menos assustador e no qual você sinta que realmente será capaz de permanecer. Além disso, você poderia se colocar propositalmente em uma situação na qual a fuga seja difícil ou pedir a um amigo ou familiar para ajudá-la a permanecer na situação quando se sentir assustada. O que você acha?

P: Parece uma boa ideia. Quando tenho algo que me lembre de voltar aos três componentes que discutimos anteriormente, isso me ajuda. Talvez eu faça um pequeno cartão de notas que possa preencher enquanto estiver realizando a exposição.

T: Gosto dessa ideia. Além disso, lembre-se de que, se você escapar de uma situação prematuramente, sempre poderá pensar um pouco nela quando as emoções não estiverem tão altas e, em seguida, tentar voltar a ela o mais rápido possível.

RESOLUÇÃO DE PROBLEMAS

Às vezes, os pacientes não estão totalmente "a bordo" com a justificativa para realizar *exposições emocionais*, então podem escolher exposições "fáceis" ou que provavelmente não provocarão sintomas significativos. Nesses casos, continuar realizando os exercícios não será útil. Se o paciente não estiver disposto a enfrentar emoções desconfortáveis, então o tempo deve ser dedicado a revisar os conceitos de tratamento anteriores para ajudá-lo a eventualmente se engajar nas *exposições emocionais*. Pode ser interessante revisar as respostas do paciente aos dois exercícios de motivação do Módulo 1 (Capítulo 6).

Como ilustrado na Vinheta #3, ocasionalmente, durante as *exposições emocionais*, os pacientes podem fugir de uma situação se as emoções se tornarem intensas demais. Se isso acontecer, não deve ser visto como um fracasso. Pelo contrário, pode ser apresentado como uma oportunidade de aprendizado para o paciente. A fuga é um claro CME que normalmente ocorre em resposta a uma reação de medo e costuma se basear na previsão de que a continuidade resultará em um tipo de resultado negativo. Por exemplo, não é incomum que os pacientes acreditem que, se permanecerem na situação, sua ansiedade ou medo se tornarão tão intensos que a emoção sairá de controle e eles não conseguirão agir. Nesse caso, você ajudará o paciente a avaliar essa previsão em termos das armadilhas do pensamento "conclusões precipitadas" e "pensar no pior". A partir daí, o paciente poderá ser encorajado a reentrar na situação o mais rápido possível.

Às vezes, os pacientes podem se sentir desanimados com o ritmo em que ocorre a redução dos sintomas. Além disso, pode ser perturbador para os pacientes quando percebem uma diminuição em sua resposta emocional a uma situação ao longo do tempo, apenas para então reexperimentarem emoções fortes e desconfortáveis na mesma situação em um momento posterior. Nesses casos, é importante lembrar ao paciente que o aprendizado raramente é linear e que, assim como em qualquer processo de aprendizagem, algum esquecimento pode ocorrer com o tempo. Além disso, o aprendizado tende a ser bastante dependente do contexto, então mesmo pequenas mudanças podem, às vezes, fazer os sintomas retornarem, ainda que o paciente pense que já estejam completamente reduzidos. A recorrência da resposta emocional a essas situações não deve ser vista como um fracasso ou como uma indicação de que as exposições não funcionam. Em vez disso, deve ser encarada como outra oportunidade de aprender que eles podem tolerar as emoções e que a situação não é perigosa. Essas recorrências oferecem excelentes oportunidades de aprendizagem e podem realmente ajudar o paciente a generalizar o que aprendeu em uma situação para outras semelhantes. Novamente, o objetivo do tratamento é que os pacientes fiquem menos perturbados com suas emoções (e com as situações que as provocam) e respondam de maneira mais adaptativa — o objetivo não é evitar que essas emoções aconteçam.

13

Medicamentos para ansiedade, depressão e transtornos emocionais relacionados

(Corresponde ao Capítulo 12 do Manual do Paciente)

VISÃO GERAL

Este capítulo fornece informações para o terapeuta e não corresponde a uma sessão de terapia específica. A interrupção de medicamentos geralmente é abordada no final da terapia, quando os pacientes começam a se sentir melhor e mais confiantes em sua capacidade de gerenciar seus sintomas sem medicação. As informações deste capítulo podem ser úteis para discutir medicações, incluindo a descontinuação, com seu paciente.

OBJETIVOS DA SESSÃO

- Discutir as razões para o uso de medicação.
- Revisar como o uso de medicação pode afetar o tratamento.
- Fornecer informações sobre como as medicações podem ser descontinuadas.

MATERIAIS NECESSÁRIOS

- **Quadros 12.1** e **12.2 do Manual do Paciente**, que descrevem vários tipos de medicação e seus efeitos colaterais mais comuns, se necessário.

DISCUTINDO QUESTÕES RELACIONADAS À MEDICAÇÃO

Há uma tremenda variabilidade na extensão em que os indivíduos usam medicamentos, tratamento psicológico (como este programa) ou alguma combinação dos dois. Em geral, falamos sobre medicamentos não como uma forma de tratamento mais ou menos eficaz, mas como mais ou menos apropriados dependendo da situação.

Existem vários fármacos frequentemente usados no tratamento dos transtornos emocionais, incluindo benzodiazepínicos, betabloqueadores, inibidores seletivos da recaptação de serotonina (ISRSs), inibidores da recaptação de serotonina e noradrenalina (IRSNs), estabilizadores de humor, medicamentos antipsicóticos e outros sedativos. Os mecanismos pelos quais eles agem são amplamente desconhecidos, e diferentes fármacos tendem a ter perfis de efeitos colaterais diferentes. O Manual do Paciente oferece uma revisão detalhada das medicações comumente usadas, bem como considerações sobre seus efeitos colaterais. Durante a discussão, enfatizamos a importância de consultar o prescritor antes de tomar decisões. Em circunstâncias normais, as medicações tendem a começar a exercer efeitos benéficos em um período de tempo mais curto do que um programa de tratamento psicológico. Isso é especialmente verdadeiro para os benzodiazepínicos e betabloqueadores, que podem ser eficazes quase imediatamente. Antidepressivos como ISRSs e ISRNs, amplamente considerados os tratamentos medicamentosos de primeira escolha para a maioria dos transtornos de ansiedade e do humor, podem levar mais tempo (cerca de quatro a seis semanas) para começarem a exercer seus efeitos. Além disso, alguns desses medicamentos, particularmente os ISRSs, IRSNs e estabilizadores de humor, exigem um período de titulação, ou seja, sua dosagem é aumentada gradualmente ao longo do tempo até atingir um nível terapêutico. Esse período de titulação pode fazer com que demore um pouco mais para os efeitos desses medicamentos começarem.

Outra consideração é que, às vezes, os medicamentos podem perder parte de sua eficácia quando tomados continuamente por um longo período. Além disso, pode haver um risco maior de recaída quando a medicação é descontinuada. O programa do PU pode ser benéfico para os indivíduos que já obtiveram algum alívio com medicamentos ou que esperam evitar o seu uso prolongado.

COMO AS MEDICAÇÕES PODEM AFETAR O TRATAMENTO COM O PROTOCOLO UNIFICADO

As medicações podem interagir e, às vezes, até interferir nos procedimentos do tratamento. Para vários transtornos, em particular o transtorno de pânico, tratamentos combinados de medicação e terapia cognitivo-comportamental têm mostrado piores resultados em longo prazo em comparação com tratamentos cognitivo-comportamentais individuais. Isso não parece ser o caso na depressão, na qual o tratamento combinado parece ser um pouco mais eficaz do que qualquer tratamento isolado, pelo menos em curto prazo.

Além do resultado geral do tratamento, é importante notar que medicações de ação rápida, como os benzodiazepínicos, podem interferir nas exposições, impedindo que os níveis de emoção alcancem a intensidade máxima e/ou atuando como sinais de segurança. Em ambos os casos, o uso dessas medicações pode impedir o novo aprendizado que naturalmente ocorre durante as exposições. Além disso, a dependência delas, como qualquer sinal de segurança, pode reduzir a autoconfiança do paciente e a crença em sua capacidade de lidar com a experiência de emoções intensas. A Vinheta #1 deste capítulo fornece um exemplo de um terapeuta conversando com um paciente sobre o uso de medicação como um sinal de segurança.

Vários pacientes que chegam à terapia mencionam que interromper seus medicamentos é um de seus objetivos de tratamento. A retirada ou redução do uso deve ser feita sob a supervisão direta de um médico. Esse processo pode ser acompanhado por um aumento da ansiedade ou do humor depressivo, bem como por sensações físicas desconfortáveis. Tais efeitos colaterais são comuns, e a aplicação das técnicas descritas no PU é adequada e pode ser útil para os pacientes. Se a retirada dos medicamentos for particularmente difícil (como pode ser o caso ao retirar benzodiazepínicos), o programa descrito no livro *Stopping Anxiety Medication* (Otto & Pollack, 2009), da série *Tratamentos que funcionam*, pode ajudar (procure o título em www.oxfordclinicalpsych.com).

VINHETAS

Vinheta #1

Na vinheta a seguir, o terapeuta conversa com o paciente sobre o uso de medicação como um sinal de segurança.

P: Posso levar minha medicação comigo durante (ou antes de fazer) a exposição?

T: O que faz você pensar que precisa levar sua medicação durante a exposição?

P: Eu não acho que vou precisar. Quero dizer, não tomo há meses, mas quero tê-la caso minhas emoções fiquem muito intensas.

T: Você teve alguma emoção intensa nos últimos meses?

P: Sim, várias vezes. Especialmente durante algumas das exposições recentes que fizemos.

T: Certo, e na última exposição, você tomou a medicação?

P: Não, eu não a tinha comigo.

T: O que aconteceu com suas emoções?

P: Bem, elas ficaram bem intensas, mas acho que diminuíram sozinhas.

T: Então, se suas emoções diminuíram sozinhas, que papel você acha que levar a medicação para essa exposição poderia desempenhar?

P: Acho que elas poderiam ser um sinal de segurança e talvez me impedissem de me engajar completamente na exposição e até impedissem minhas emoções de diminuírem tão rapidamente quanto diminuiriam naturalmente.

Vinheta #2

Aqui, o terapeuta e o paciente discutem uma crença comum sobre como as medicações funcionam.

P: Eu pensei que a medicação era necessária para corrigir meu desequilíbrio químico.

T: Essa é, na verdade, uma crença comum. No entanto, até o momento, não há evidências claras de um desequilíbrio químico específico que seja a principal causa de ansiedade ou depressão. Não há uma compreensão clara do funcionamento das medicações, mas sabe-se que elas parecem reduzir a intensidade dos sintomas experimentados. Independentemente de como as medicações funcionam, ainda é importante aprender que você pode lidar com suas emoções, mesmo que tenha sintomas mais intensos.

Vinheta #3

Nesta vinheta, o terapeuta ajuda o paciente que tem preocupações sobre a retirada da medicação.

P: Tenho medo de que minhas emoções fiquem ainda mais intensas quando eu parar de tomar a medicação e que eu volte ao ponto onde comecei.

T: Especificamente, o que você quer dizer quando diz que suas emoções ficariam mais intensas?

P: Você sabe, fora de controle, como estavam antes de eu começar este tratamento.

T: Certo. Como você responderia a essas emoções agora?

P: Bem, acho que tentaria aplicar as habilidades que aprendi no tratamento.

T: Ótimo! Como seria isso, especificamente?

P: Bem, acho que primeiro tentaria identificar o que estou sentindo. Depois, praticaria a atenção plena e talvez tentasse pensar sobre as coisas de forma diferente.

T: Então parece que você aprendeu bastante sobre suas emoções e como responder a elas de forma eficaz.

P: Acho que sim.

T: Considerando o quanto você já aprendeu e que já mudou a forma como experimenta e responde às emoções uma vez, como você acha que responderia, mesmo que suas emoções se tornassem mais graves e intensas?

P: Bem, acho que trabalharia novamente com os procedimentos do tratamento. Se já fiz isso uma vez, deve ser mais fácil na segunda vez.

RESOLUÇÃO DE PROBLEMAS

Percepção de que as medicações corrigem um desequilíbrio químico

Como ilustrado na Vinheta #2, os pacientes costumam ter noções preconcebidas sobre a natureza dos transtornos emocionais e a necessidade de medicação para corrigir desequilíbrios químicos no cérebro. Essas crenças podem aumentar a ansiedade ou a apreensão em relação à retirada da medicação. Uma breve psicoeducação sobre as pesquisas a respeito da natureza dos transtornos emocionais pode ajudar os pacientes a tomarem uma decisão mais informada sobre continuar ou interromper a medicação. Em resumo, as causas desses transtornos são complexas e ainda amplamente desconhecidas. É provável que haja um componente biológico envolvido (p. ex., neurotransmissores, genes), mas pesquisas sugerem que a maneira como os indivíduos interpretam e respondem aos eventos também constitui uma grande vulnerabilidade para o desenvolvimento dos transtornos. Programas como o PU podem focar nessa última vulnerabilidade.

Preocupações de que a descontinuação da medicação resultará em sintomas mais graves

Outro medo comum descrito pelos pacientes é que suas emoções ou sintomas se tornem mais graves e intensos quando interromperem a medicação e que voltem ao ponto em que estavam antes do tratamento. Como ilustrado na Vinheta #3, é útil lembrar aos pacientes o quanto eles já aprenderam e como já progrediram. Mesmo que tenham recorrência dos sintomas, eles desenvolveram uma nova maneira de responder a eles, que antes não tinham. Portanto, nunca estarão realmente de volta ao ponto de partida.

14

Módulo 8: Reconhecimento de conquistas e olhar para o futuro

(Corresponde ao Capítulo 13 do Manual do Paciente)

VISÃO GERAL

O objetivo deste módulo é avaliar o progresso do paciente e planejar o futuro. Você também reforçará as habilidades aprendidas durante o tratamento, revisará os conceitos-chave e ajudará o paciente a desenvolver estratégias para prevenir "recaídas". Além disso, este capítulo trata da recorrência de sintomas e de como os pacientes podem manter os ganhos obtidos em longo prazo.

OBJETIVOS DO MÓDULO

- Revisar os conceitos-chave e as habilidades de enfrentamento emocional aprendidas.
- Avaliar o progresso no tratamento e identificar áreas que precisam melhorar.
- Estabelecer metas de curto e longo prazos para manter os ganhos do tratamento e continuar progredindo.

MATERIAIS NECESSÁRIOS

- **Formulário de Metas do Tratamento**, localizado no final do Capítulo 4 do Manual do Paciente.

- **Formulário de Avaliação do Progresso**, localizado no final do Capítulo 13 do Manual do Paciente.
- **Plano de Prática**, localizado no final do Capítulo 13 do Manual do Paciente.

REVISÃO DAS TAREFAS

Revise o progresso contínuo do paciente quanto à realização das tarefas. Pode ser útil comparar mudanças em tarefas mais recentes com aquelas feitas no início do tratamento para identificar melhorias ao longo do programa. Além disso, avaliar a capacidade do paciente de completar as tarefas é importante para discutir metas de curto e longo prazos, tanto para manutenção quanto para avanços.

REVISÃO DAS HABILIDADES DO TRATAMENTO

Este módulo começa com uma revisão das habilidades aprendidas. Para isso, você pode apresentar um cenário alinhado aos sintomas iniciais do paciente e perguntar como ele responderia de forma adaptativa às emoções mais prováveis de sentir. Usar um exemplo pessoalmente relevante ajuda o paciente a perceber sua capacidade de lidar com essas situações no presente e no futuro, promovendo maior sensação de eficácia ao fim do tratamento.

AVALIAÇÃO DO PROGRESSO

Ajude o paciente a avaliar o progresso no tratamento até o momento. Os **Formulários de Metas do Tratamento** e **de Avaliação do Progresso**, dos Capítulos 4 e 13 do Manual do Paciente, podem ser usados para facilitar uma discussão sobre os ganhos obtidos e identificar áreas que ainda precisam de melhoras. Também utilize os dados dos registros de monitoramento preenchidos ao longo do tratamento. Isso ajuda a evitar que o paciente se concentre apenas em como se sente agora, em comparação a como ele se lembra de ter se sentido no início do tratamento. Em geral, elaboramos gráficos que apresentam uma pontuação resumida das avaliações semanais dos pacientes nas **Escalas de Ansiedade** e **de Depressão**, além de outras escalas, se aplicáveis. Esses gráficos proporcionam um registro visual do progresso do tratamento e podem ser utilizados para discutir os ganhos e identificar áreas que precisam de aprimoramento.

Descobrimos que é melhor discutir a mudança e a melhoria como um processo contínuo, consistente com a aprendizagem de um novo conjunto de respostas e habilidades. A melhoria contínua após o tratamento é muito típica, à medida que os pacientes têm mais oportunidades de praticar e aplicar as habilidades que aprenderam.

Também será importante ajudar seu paciente a entender as razões para a falta de progresso, quando isso ocorrer. As razões podem incluir erro inicial no diagnóstico, dificuldade em compreender os princípios do tratamento, necessidade de mais tempo para praticar as estratégias terapêuticas, metas irreais e falta de motivação ou de oportunidade para a prática. A falta de progresso não deve ser vista como um resultado desesperador. Em vez disso, explore as possíveis razões e tente determinar o melhor curso de ação que pode ser tomado agora para que o seu paciente avance. Dessa forma, o fim do tratamento pode ser apresentado como uma oportunidade para engajar-se em uma "nova fase" de desenvolvimento, na qual seu paciente pode trabalhar para superar obstáculos anteriores e, em última análise, alcançar conquistas maiores.

ANTECIPANDO DIFICULDADES FUTURAS

Todos os pacientes experimentarão emoções intensas ou desconfortáveis no futuro, geralmente em resposta a estressores cotidianos. Contudo, todos também passam por oscilações emocionais — os altos e baixos da existência diária. Às vezes, emoções fortes podem ocorrer sem que pareçam estar diretamente ligadas a estressores externos, o que pode ser bastante angustiante e, em alguns casos, servir como gatilho para recaídas. Ao longo do tratamento, o paciente tem desenvolvido uma postura mais distanciada e menos crítica em relação às suas experiências emocionais. Com a conclusão do tratamento e o foco na promoção da generalização das habilidades, é essencial ajudar o paciente a aplicar essa postura não crítica para lidar com os altos e baixos inevitáveis que poderá vivenciar após o término da terapia.

Abordar as expectativas do paciente sobre a recorrência dos sintomas é uma estratégia eficaz para evitar que ela evolua para uma recaída total. Ajude o paciente a entender que a oscilação dos sintomas é natural e não significa que ele recaiu. Se ele experimentar recorrência de sintomas, como ansiedade, depressão e evitamento de estímulos internos e externos, isso não indica que os problemas subjacentes estão voltando de forma incontrolável ou que o tratamento não funcionou. Em vez disso, significa que há um reaparecimento temporário de velhos hábitos, que pode ser tratado com as mesmas ferramentas aprendidas durante o tratamento.

PRÁTICA CONTÍNUA

Com o objetivo de promover progresso contínuo após o término do tratamento, você pode trabalhar com o paciente para identificar áreas para prática adicional. Utilizando o **Plano de Prática** do Manual do Paciente, trabalhe com ele para gerar uma lista de ações específicas que ele gostaria de praticar nas próximas semanas.

Recomendamos também que o paciente reserve tempo semanalmente para revisar o progresso e desenvolver ou revisar um plano para seguir adiante. Essa é uma oportunidade para que ele reflita sobre o que já conquistou, o que pode ser altamente motivador. Além disso, é uma boa maneira de perceber qualquer recorrência de sintomas e prevenir o desenvolvimento de padrões de resposta emocional desadaptativos. Essa prática pode ser especialmente útil logo após o término do tratamento, em geral por várias semanas, mas pode continuar indefinidamente, enquanto o paciente a considerar útil.

ESTABELECIMENTO DE METAS DE LONGO PRAZO

Com o término do tratamento e à medida que o paciente melhora seu funcionamento, pode começar a planejar atividades que antes não conseguia realizar devido aos sintomas. Utilizando o **Formulário de Metas do Tratamento** e o **Plano de Prática** dos Capítulos 4 e 13 do Manual do Paciente, trabalhe com o paciente para definir metas de longo prazo e os passos necessários para alcançá-las.

ENCERRAMENTO DO TRATAMENTO

Os pacientes frequentemente expressam preocupações sobre o término do tratamento. É importante enfatizar que agora eles têm o conhecimento e as habilidades necessárias para gerenciar e responder de forma mais eficaz às emoções.

VINHETAS

Em cada uma das vinhetas a seguir, o paciente está lidando com o término do tratamento.

Vinheta #1

P: Sinto que fiz alguns progressos reais, mas estou preocupado com o fim do tratamento. Acho que tenho medo de que, se meus sintomas voltarem, eu não me lembre do que discutimos ou de como aplicar as habilidades que aprendi.

T: Concordo que você fez um progresso real no tratamento, e entendo por que você pode estar nervoso. Mas lembre-se de que, ao longo do tratamento, você desenvolveu habilidades importantes para responder de maneira mais adaptativa às emoções. Diria que agora você tem um bom entendimento dessas habilidades, e se continuar a praticar o que aprendeu, imagino que se tornará ainda melhor em aplicá-las ao longo do tempo. Acho que é como qualquer curso que tenhamos feito. Não esquecemos tudo o que aprendemos só porque o curso terminou. No entanto, para realmente reter a informação, talvez precisemos continuar praticando-a ou revisitá-la de vez em quando.

Vinheta #2

P: Estamos em nossa última sessão, mas ainda me sinto ansioso e triste às vezes. Fico preocupado que as coisas possam piorar depois que o tratamento acabar. Gostaria de estar curado.

T: Posso entender sua preocupação. Terminar o tratamento pode ser difícil. Mas lembre-se de que nosso trabalho não foi eliminar suas emoções. Sentir-se ansioso e triste às vezes é perfeitamente normal, pois essas emoções podem ser muito adaptativas em determinadas situações. Por isso, eu não equipararia estar "curado" a não experimentar essas emoções. Na verdade, pensar assim pode ser problemático. Apenas lide com uma situação de cada vez e volte às habilidades que você aprendeu. À medida que retornar a essas habilidades e continuar a praticá-las, elas se tornarão automáticas. Com o tempo, acredito que será ainda mais fácil para você vivenciar suas emoções e responder a elas de maneira adaptativa.

Vinheta #3

P: Sei que preciso continuar fazendo as *exposições emocionais*, mas tenho receio de que, quando parar de vir para o tratamento, não consiga fazer mais progressos. Não tenho ninguém para me ajudar a revisar meu progresso ou me dar *feedback* sobre como fazer as coisas de maneira diferente.

T: Você quer dizer que não tem certeza de como configurar as exposições sozinha?

P: Não, eu sei configurar e até tenho sido boa em fazê-las nas últimas semanas. Só não sei se tenho disciplina para me forçar a praticar. Vir aqui todas as semanas e conversar com você tem sido muito motivador para mim.

T: Entendo como vir toda semana pode ter fornecido uma estrutura e ajudado você a manter o foco na realização das exposições. Mas será que existem outras maneiras de se manter motivada? Por exemplo, conversamos sobre configurar suas próprias sessões semanais para revisar seu progresso e desenvolver um plano para realizar as exposições. Você pode até manter o mesmo horário que vinha ao tratamento. Que outras coisas você poderia tentar?

P: Bem, acho que poderia pedir ao meu marido para me ajudar a manter a motivação também. Talvez eu pudesse até sentar com ele e revisar o progresso que faço a cada semana. Ele é muito solidário, e tenho certeza de que estaria disposto a ajudar.

T: Acho uma boa ideia. Além disso, algumas pessoas acham útil se recompensarem um pouco por completarem as práticas. Você pode fazer isso por um tempo, e depois os próprios benefícios da prática se tornam uma motivação suficiente para continuar.

P: Realmente gosto dessa ideia! Sempre é bom receber recompensas.

RESOLUÇÃO DE PROBLEMAS

Os pacientes podem se sentir desanimados no final do tratamento e, às vezes, minimizar as melhoras que fizeram. Como observado anteriormente, o uso de dados dos formulários de acompanhamento semanais pode ajudá-los a avaliarem mais precisamente seus níveis de mudança. Se o paciente descarta as melhoras feitas e foca no negativo, pode ser útil apontar essas avaliações negativas específicas e ajudá-lo a considerar a situação de outras formas. Por exemplo, você pode enfatizar que, embora ainda haja espaço para melhora, ele trabalhou duro para chegar a esse ponto e fez progressos consideráveis na abordagem dos sintomas. Também pode ser benéfico para os pacientes pensarem no tratamento como um processo contínuo que continua após o programa formal ter terminado, em vez de algo com um ponto final definitivo. Dessa forma, a incapacidade de alcançar a remissão completa dos sintomas até o final do tratamento não é vista como um fracasso, nem como um indicativo de que não é possível fazer melhoras adicionais.

Às vezes, crises importantes de vida ocorrem no final do tratamento. Dependendo de como o paciente responde à situação, ele pode até regredir um pouco e sentir que está "de volta ao ponto de partida". Se isso acontecer, reconheça o retrocesso, mas lembre-o de que isso não significa que todo o progresso foi perdido. Revisar os registros mantidos ao longo do tratamento pode ser encorajador. Ao revisarem esses registros juntos, você pode ajudar seu paciente a reconhecer que fez progresso antes e que certamente pode fazê-lo outra vez.

Como ilustrado nas Vinhetas de Caso #1 e #3, alguns pacientes sentirão que ainda não estão prontos para terminarem o tratamento ou expressarão incerteza sobre sua capacidade de continuar progredindo ou de manter o que alcançaram uma vez que o tratamento termine. Reconhecer que essa incerteza pode ser assustadora assegurará ao paciente que essa é uma reação normal. Lembre o paciente de que ele aprendeu habilidades que podem ser aplicadas sem assistência contínua e que, ao aprender essas habilidades, ele essencialmente se tornou seu próprio terapeuta. Pode ser encorajador apontar explicitamente o trabalho que o paciente pode ter feito por conta própria, como praticar as *exposições emocionais*.

15

Uso do Protocolo Unificado em grupo

INTRODUÇÃO

Muitos terapeutas e centros de tratamento nos perguntam se o PU pode ser usado em formato de grupo. A resposta curta é sim — sempre foi nosso objetivo ao desenvolver este programa de tratamento que ele pudesse ser utilizado tanto em terapia individual quanto em grupo. Nosso grupo de pesquisa passou mais de uma década desenvolvendo, avaliando e refinando o PU para ser aplicado individualmente. A eficácia do PU foi estabelecida por vários ensaios clínicos, e agora estamos começando a explorar como o PU pode ser mais eficazmente aplicado a um grupo de indivíduos.

O objetivo dessa pesquisa é determinar, do ponto de vista tanto dos pacientes quanto dos profissionais, o que funciona ou não funciona bem em um grupo, para que possamos fornecer instruções específicas sobre como melhor implementar o PU em um formato coletivo. Outro objetivo é identificar quais características individuais dos pacientes preveem uma resposta positiva ao PU em grupo, para auxiliar na seleção de tratamentos pelos terapeutas. Como ainda estamos nas fases iniciais dessa linha de pesquisa, este capítulo compartilhará algumas percepções preliminares sobre o uso do PU em grupo.

BENEFÍCIOS DO FORMATO DE GRUPO

Um dos maiores benefícios de usar o PU em grupo é sua eficiência, já que um terapeuta pode aplicar o tratamento a várias pessoas ao mesmo tempo. Por exemplo, um terapeuta precisaria de 96 horas para realizar 16 sessões do PU com seis pacientes diferentes — e poderia tratar todos os seis pacientes simultaneamente em formato de grupo. Tivemos sucesso ao aplicar o PU em grupo com 12 sessões de duas horas. Nesse formato, o terapeuta trataria os seis pacientes em apenas 25% do tempo necessário para o tratamento individual.

Um problema que encontramos é a demora em reunir pacientes com o mesmo diagnóstico para formar um grupo. No entanto, o uso do PU em grupo permite que pessoas com diferentes diagnósticos participem da mesma sessão. Oferecer um tratamento em grupo que aceite pessoas com uma variedade de sintomas e transtornos pode reduzir significativamente a espera por tratamento.

Há também benefícios específicos de tratamentos em grupo que não se aplicam apenas ao PU. Muitos pacientes relatam que ouvir outras pessoas com problemas semelhantes os ajuda a normalizarem suas próprias experiências e reduzirem o estigma. O formato em grupo também pode inspirá-los a se esforçarem mais, como um paciente inicialmente relutante em completar uma exposição que pode ser motivado pelo apoio do grupo ou ao ver outro membro da equipe completar com sucesso uma exposição desafiadora.

RECOMENDAÇÕES PARA USAR O PROTOCOLO UNIFICADO EM GRUPO

Embora sempre tivéssemos a intenção de que o PU fosse usado tanto em formato individual quanto em grupo, a maioria dos estudos que fizemos até agora focou em como o PU funciona individualmente. Em outras palavras, sabemos que as estratégias ensinadas no PU são eficazes, mas ainda estamos aprendendo a melhor maneira de ensiná-las em um formato coletivo. Aqui, revisamos algumas recomendações para adaptar o PU ao formato de grupo, baseadas em nossas primeiras experiências nessa modalidade.

Estrutura

A maioria dos tratamentos para diagnóstico específico em grupo que são realizados em nosso centro tem 12 semanas de duração, com sessões de duas horas. Assim, escolhemos usar a mesma estrutura para nossas primeiras avaliações do PU em formato de grupo. O Quadro 15.1 fornece um exemplo de como o PU pode ser aplicado em 12 sessões, mas pesquisas futuras são necessárias para determinar a "dose" ideal (ou seja, o número e a duração das sessões de tratamento) do PU para grupos.

Em formato individual, a revisão das tarefas geralmente é limitada a 10 a 15 minutos, com o restante da sessão dedicado à introdução de novo material. No entanto, em formato de grupo, pode ser necessário alocar mais tempo para ga-

QUADRO 15.1 Resumo do conteúdo do Protocolo Unificado distribuído por sessão

Sessão	Conteúdo
1	Introdução e justificativa do tratamento; estratégias de aprimoramento da motivação; definição de metas de tratamento (Módulo 1 do PU).
2	Psicoeducação sobre a função adaptativa das emoções; modelo de três componentes das experiências emocionais (Módulo 2 do PU).
3	Curso natural das emoções e papel da evitação; atenção plena às emoções (Módulo 3 do PU).
4	Flexibilidade cognitiva; armadilhas do pensamento e perguntas de enfrentamento; seta descendente (Módulo 4 do PU).
5	Identificação de estratégias de evitação emocional; justificativa para substituir comportamentos motivados pela emoção por comportamentos alternativos (Módulo 5 do PU).
6	Psicoeducação sobre condicionamento interoceptivo; teste de indução de sintomas; exercícios interoceptivos (Módulo 6 do PU).
7–11	Justificativa para a exposição; criação e revisão de hierarquias individuais; exposições situacionais focadas em emoções (Módulo 7 do PU).
12	Revisão das habilidades; ênfase na implementação contínua das exposições; revisão do progresso e metas futuras; estratégias de prevenção de recaídas (Módulo 8 do PU).

rantir a compreensão adequada dos conceitos e habilidades por todos os membros do grupo. Achamos útil fazer cópias dos formulários de tarefas dos membros do grupo a cada semana, para que o líder pudesse revisá-los entre as sessões. Isso permitiu identificar membros do grupo que pareciam entender o material durante as sessões, mas demonstravam dificuldade em aplicar os conceitos do tratamento nas tarefas. Ao dedicar mais tempo à revisão das tarefas, os líderes do grupo puderam avaliar melhor a compreensão e fornecer *feedback* corretivo quando necessário. Além do mais, isso criou a expectativa de que todos os membros participassem da revisão das tarefas, em vez de pedir a alguns voluntários que compartilhassem suas experiências.

Justificativas do tratamento

Estudos mostram que as crenças dos pacientes sobre um tratamento estão intimamente ligadas à eficácia. Isso significa que pacientes que acreditam que o tratamento os beneficiará e que faz sentido para eles obtêm melhores resultados. Por essas razões, é importante explicar não apenas como o PU funciona para reduzir os sintomas (como discutido no Capítulo 5), mas também por que faz sentido ter um grupo de pessoas com diferentes sintomas ou diagnósticos no mesmo grupo.

É útil esclarecer que, embora o PU seja projetado para tratar uma variedade de transtornos emocionais, ele não é um tratamento "tamanho único". Em vez de focar em sintomas específicos, o PU aborda os processos que causam esses sintomas. Esse modelo unificado é então aplicado às experiências específicas de cada membro do grupo de forma mais personalizada, em vez de simplesmente focar em um conjunto de sintomas. Durante cada sessão, o líder do grupo deve buscar oportunidades para apontar essas semelhanças para os demais integrantes.

Solicitamos a um pequeno número de pacientes que participaram do PU em grupo que dessem seu *feedback* após completarem o tratamento. Em geral, relataram que a abordagem do tratamento fazia sentido para eles e ficaram satisfeitos com ela. A maioria parecia gostar da diversidade de diagnósticos e sintomas no grupo. Por exemplo, uma paciente disse que "foi muito útil ouvir as experiências dos outros" porque "foi bom poder ter uma variedade e entender que os problemas sempre convergem para um centro comum". No entanto, outro paciente relatou que às vezes tinha dificuldade em se relacionar com os problemas de outras pessoas no grupo e achava mais útil quando o líder do grupo lhe dava instruções específicas para suas experiências.

Aplicação flexível do modelo unificado

Em um grupo de tratamento estruturado e específico para um diagnóstico, os pacientes podem se sentir frustrados quando estão lidando com sintomas ou estressores interpessoais que não são o foco do protocolo do tratamento. Por exemplo, um paciente pode estar passando por depressão significativa ou estar muito preocupado com o fim recente de um relacionamento, o que torna mais difícil seu envolvimento na terapia em grupo para ansiedade social. Da mesma forma, é um desafio para o líder do grupo responder a preocupações que estão fora do escopo do foco do tratamento sem alienar os outros membros ao gastar muito tempo em questões que podem não ser aplicáveis a todos.

Com o PU, qualquer situação em que alguém tenha experimentado uma emoção intensa pode ser utilizada para reforçar o modelo de tratamento para todos os membros do grupo. A vinheta a seguir demonstra como o modelo unificado foi capaz de acomodar um paciente que costumava chegar ao grupo preocupado com seu desentendimento mais recente com a esposa. Em vez de dizer ao paciente que seus problemas conjugais não eram apropriados para discussão, o líder do grupo conseguiu relacionar a experiência do paciente ao ARC das emoções.

P: Eu tive a pior briga com minha esposa na semana passada. Ela nem está falando comigo agora.

T: O que aconteceu?

P: Bem, eu tinha acabado de voltar de mais uma entrevista de emprego e estava trazendo a correspondência. Abri a fatura do cartão de crédito e não acreditei — minha esposa gastou uma fortuna em um vestido novo para o casamento do meu irmão, mesmo sabendo que estamos com o orçamento apertado agora.

T: E o que você fez?

P: Ah, eu perdi totalmente o controle. Comecei a xingar e a gritar com ela, perguntando quantas vezes eu preciso explicar que não podemos gastar como antes, até eu conseguir outro emprego.

T: Parece que você ficou realmente chateado. Como você se sentiu ao gritar com ela?

P: Quero dizer, eu me sinto péssimo agora. Eu exagerei completamente.

T: Mas como você se sentiu no momento?

P: Acho que me senti bem no momento — parecia que eu estava mostrando para ela como o comportamento dela era inaceitável.

T: Funcionou?

P: Não, deu totalmente errado. Ela não fala comigo há três dias. Também vi mais sacolas de compras no carro dela esta manhã. Provavelmente foi fazer compras só para me provocar.

T: Se pensarmos no ARC das emoções, quais foram os gatilhos ou antecedentes?

P: Acho que fiquei mais preocupado com dinheiro desde que fui demitido, embora tenhamos uma poupança considerável.

T: E como foi a entrevista de emprego que você teve naquele dia?

P: Foi uma total perda de tempo. Descobri que a empresa nem sabe se haverá uma vaga disponível. Acho que isso me deixou de mau humor antes mesmo de chegar em casa.

T: Certo, então parece que havia algumas coisas que contribuíram para a sua reação. Também parece que gritar com sua esposa fez você se sentir bem no momento e talvez o ajudou a sentir mais controle, mas, em longo prazo, só piorou a situação. Alguém tem alguma ideia de comportamentos alternativos que ele poderia usar em vez de explodir de raiva?

Exposições emocionais em um formato de grupo

Como realizar exposições emocionais de forma eficiente e eficaz em um grupo com diagnósticos diversos ainda é uma questão importante para futuras pesquisas. Como nosso centro também é uma clínica de treinamento, organizamos nossos grupos do PU com três líderes cada, o que nos permitiu designar um líder para cada dois membros do grupo, a fim de planejar e executar exposições emocionalmente relevantes para cada indivíduo. Após a conclusão das exposições, o grupo se reunia novamente para discutir o que foi aprendido e planejar quais exposições cada membro realizaria como tarefa. Uma vez que um membro demonstrava domínio nas exposições emocionais, os líderes do grupo consideravam permitir que esse indivíduo realizasse suas exposições de forma independente, para que outros membros que precisassem de mais orientação pudessem receber mais acompanhamento individual de um líder do grupo. Como alternativa, membros do grupo que precisavam de mais assistência eram emparelhados com membros que estavam se destacando nas exposições emocionais para se apoiarem mutuamente, enquanto o líder do grupo assumia um papel mais passivo.

Definições de termos-chave

- **Ancoragem no presente:** o ato de pausar para observar a experiência no presente de forma não julgadora e escolher deliberadamente uma resposta consistente com as necessidades, os objetivos ou os valores atuais.
- **ARCs das emoções:** **a**ntecedentes – **r**esposta – **c**onsequências de uma experiência emocional.
  - **Antecedentes** são gatilhos, condições ou situações que evocam certas emoções, podendo ser *proximais* (imediatos) ou *distais* (no passado).
  - **Consequências** são os efeitos resultantes da resposta emocional, que podem ser de curto ou longo prazo.
  - **Resposta** refere-se aos três componentes da emoção – pensamentos, sensações físicas e comportamentos.
- **Armadilhas do pensamento:** hábitos de pensamento nos quais as pessoas repetidamente interpretam ou preveem situações de forma negativa, incluindo tirar conclusões precipitadas e pensamento catastrófico.
- **Atenção focada no presente de maneira não julgadora:** também conhecida como *mindfulness*. Forma de interagir com experiências emocionais observando componentes da experiência sem tentar afastar ou modificar as emoções, e sem se julgar por elas.
- **Atenção plena às emoções:** forma de prestar atenção às experiências emocionais, focando no presente e de forma não julgadora.
- **Comportamentos emocionais:** inclui a evitação emocional e os comportamentos orientados pela emoção. São comportamentos usados para controlar emoções fortes, que podem ser adaptativos ou não.

- **Comportamentos motivados pela emoção (CMEs):** comportamentos que ocorrem em resposta a emoções, podendo ser adaptativos (p. ex., pular para evitar ser atropelado por um carro devido ao medo) ou desadaptativos (p. ex., deixar uma festa cedo por ansiedade).
- **Conclusões precipitadas:** também conhecidas como *superestimação da probabilidade*. Superestimar a chance de um resultado negativo.
- **Desafio cognitivo:** exercício para aumentar a flexibilidade dos hábitos de pensamento, examinando se pensamentos são realistas e úteis, gerando avaliações mais produtivas.
- **Escala de Ansiedade:** Escala Global de Gravidade e Comprometimento da Ansiedade (OASIS). Instrumento semanal para monitoramento da ansiedade.
- **Escala de Depressão:** Escala Global de Gravidade e Comprometimento da Depressão. Instrumento semanal para monitoramento da depressão.
- **Escala de Emoções Positivas:** ferramenta semanal para monitoramento das emoções positivas.
- **Escala de Outras Emoções:** ferramenta semanal para monitoramento de outras emoções que o paciente possa estar enfrentando, como raiva, vergonha ou ciúme.
- **Evitação emocional:** ações para evitar que emoções desconfortáveis surjam ou se intensifiquem, incluindo:
    - **Evitação cognitiva** – evitar pensar em coisas que geram emoções desconfortáveis (p. ex., distrair-se em uma situação que provoca ansiedade).
    - **Evitação comportamental sutil** – em situações desconfortáveis, realizar ações para evitar enfrentar emoções fortes (p. ex., evitar contato visual).
    - **Evitação situacional (aberta)** – evitar situações que desencadeiam emoções fortes.
    - **Sinais de segurança** – talismãs, pessoas ou outros elementos que fazem a pessoa se sentir "mais segura" em situações desconfortáveis (p. ex., carregar medicação, falar com estranhos só na presença de um amigo).
- **Exposição emocional:** exercício para aumentar a tolerância a emoções desconfortáveis, expondo-se a situações que provavelmente gerarão emoções sem envolvimento em esquiva ou fuga.

- **Flexibilidade cognitiva:** prática de considerar múltiplas interpretações ou previsões sobre uma situação, em vez de assumir que o primeiro pensamento está correto.
- **Interoceptivo:** refere-se às sensações físicas.
- **Modelo de três componentes da emoção:** três partes de qualquer experiência emocional: pensamentos (o que se pensa), sensações físicas (o que se sente) e comportamentos (o que se faz).
- **Monitoramento objetivo:** observar "apenas os fatos" de uma experiência, sem avaliação ou julgamento.
- **Monitoramento subjetivo:** observar as experiências de forma que inclua avaliação ou julgamento (p. ex., focar em como se sente mal ou se criticar por se sentir de determinada maneira).
- **Pensamento catastrófico:** também chamado de *catastrofização*. Pensar que, se um resultado negativo ocorrer, ele será extremamente ruim ou a pessoa será incapaz de lidar com ele.
- **Pensamentos automáticos:** pensamentos que ocorrem de maneira imediata e involuntária em resposta a uma situação.
- **Pensamentos automáticos nucleares:** também conhecidos como crenças centrais. Crenças centrais que um indivíduo mantém sobre si mesmo, os outros e o mundo, que surgem involuntariamente e não são específicas para uma única situação.
- **Registro de Progresso:** gráfico para representação visual das pontuações das Escalas de Ansiedade, de Depressão, de Outras Emoções e de Emoções Positivas.
- **Transtornos emocionais:** transtornos psicológicos, como ansiedade ou depressão, caracterizados por (1) emoções frequentes e intensas, (2) reações negativas a essas emoções e (3) evitação de experiências emocionais, causando interferência em áreas importantes do funcionamento.
- **SUDS:** Escala de Unidade Subjetiva de Desconforto. Escala para medir emoção desconfortável variando de 0 (nenhum desconforto) a 8 (desconforto extremo).

Referências

Barlow, D. H. (1988). *Anxiety and its disorders: The nature and treatment of anxiety and panic.* New York: Guilford Press.

Barlow, D. H. (2002). *Anxiety and its disorders: The nature and treatment of anxiety and panic* (2nd ed.). New York: Guilford Press.

Barlow, D. H., & Cerny, J. A. (1988). *Psychological treatment of panic.* New York: Guilford Press.

Barlow, D. H., & Craske, M. G. (1988). *Mastery of your anxiety and panic.* Albany, NY: Graywind Publications.

Barlow, D. H., & Craske, M. G. (2000). *Mastery of your anxiety and panic (MAP-3): Client workbook for anxiety and panic* (3rd ed.). San Antonio, TX: Graywind/Psychological Corporation.

Barlow, D. H., & Craske, M. G. (2007). *Mastery of your anxiety and panic: Workbook* (4th ed.). New York: Oxford University Press.

Barlow, D. H., & Farchione, T. J. (Eds.). (2017). *Applications of the Unified Protocol for Transdiagnostic Treatment of Emotional Disorders.* New York, NY: Oxford University Press.

Barlow, D. H., Allen, L. B., & Choate, M. L. (2004). Towards a unified treatment for emotional disorders. *Behavior Therapy, 35*, 205–230.

Barlow, D. H., O'Brien, G. T., & Last, C. G. (1984). Couples treatment of agoraphobia. *Behavior Therapy, 15*, 41–58.

Barlow, D. H., Sauer-Zavala, S., Carl, J. R., Bullis, J. R., & Ellard, K. K. (2014). The nature, diagnosis, and treatment of neuroticism: Back to the future. *Clinical Psychological Science, 2*(3), 344–365.

Beck, A. T. (1972). *Depression: Causes and treatment.* Philadelphia: University of Pennsylvania Press.

Beck, A. T. (1976). *Cognitive therapy and the emotional disorders*. Madison, CT: International Universities Press.

Beck, A. T., Epstein, N., Brown, G., & Steer, R. A. (1988). An inventory for measuring clinical anxiety: Psychometric properties. *Journal of Consulting and Clinical Psychology, 56*, 893–897.

Beck, A. T., Rush, A. J., Shaw, B. F., & Emery, G. (1979). *Cognitive therapy of depression*. New York: Guilford Press.

Beck, A. T., & Steer, R. A. (1990). Beck self-concept test. *Psychological Assessment, 2*(2), 191–197.

Beck, A. T., Steer, R. A., & Brown G. K. (1996). *Manual for the Beck Depression Inventory-II*. San Antonio, TX: Psychological Corporation. Bentley, K. H., Gallagher, M. W., Carl, J. R., & Barlow, D. H. (2014). Development and validation of the Overall Depression Severity and Impairment Scale. *Psychological Assessment, 26*(3), 815.

Boettcher, H., & Conklin, L. R. (2017). Transdiagnostic Assessment and Case Formulation: Rationale and Application with the Unified Protocol. In D. H. Barlow & T. J. Farchione (Eds.), *Applications of the Unified Protocol for Transdiagnostic Treatment of Emotional Disorders* (pp. 17–38). New York: NY: Oxford University Press.

Boswell, J. F., Anderson, L. M., & Barlow, D. H. (2014). An idiographic analysis of change processes in the unified, transdiagnostic treatment of depression. *Journal of Consulting and Clinical Psychology, 82*, 1060–1071.

Brown, T. A., & Barlow, D. H. (2009). A proposal for a dimensional classification system based on the shared features of the DSM-IV anxiety and mood disorders: Implications for assessment and treatment. *Psychological Assessment, 21*(3), 256–271.

Brown, T. A., & Barlow, D. H. (2014). *Anxiety and related disorders interview schedule for DSM-5 (ADIS-5)*. New York: Oxford University Press.

Brown, T. A., Campbell, L. A., Lehman, C. L., Grisham, J. R., & Mancill, R. B. (2001). Current and lifetime comorbidity of the DSM-IV anxiety and mood disorders in a large clinical sample. *Journal of Abnormal Psychology, 110*, 49–58.

Bullis, J. R., Fortune, M. R., Farchione, T. J., & Barlow, D. H. (2014). A preliminary investigation of the long-term outcome of the Unified Protocol for Transdiagnostic Treatment of Emotional Disorders. *Comprehensive Psychiatry, 55*(8), 1920–1927.

Bullis, J. R., Sauer-Zavala, S., Bentley, K. H., Thompson-Hollands, J., Carl, J. R., & Barlow, D. H. (2015). The unified protocol for transdiagnostic treatment of emotional disorders: preliminary exploration of effectiveness for group delivery. *Behavior Modification, 39*(2), 295–321.

Carl, J. R., Gallagher, M. W., Sauer-Zavala, S. E., Bentley, K. H., & Barlow, D. H. (2014). A preliminary investigation of the effects of the unified protocol on temperament. *Comprehensive Psychiatry, 55*(6), 1426–1434.

Cerny, J. A., Barlow, D. H., Craske, M. G., & Himadi, W. G. (1987). Couples treatment of agoraphobia: A two-year follow-up. *Behavior Therapy, 18*, 401–415.

Chambless, D. L., & Steketee, G. (1999). Expressed emotion and behavior therapy outcome: A prospective study with obsessive-compulsive and agoraphobic outpatients. *Journal of Consulting and Clinical Psychology, 67*, 658–665.

Ciraulo, D. A., Barlow, D. H., Gulliver, S. B., Farchione, T., Morissette, S. B., Kamholz, B. W., . . . Knapp, C. M. (2013). The effects of venlafaxine and cognitive behavioral therapy alone and combined in the treatment of co-morbid alcohol use-anxiety disorders. *Behaviour Research and Therapy, 51*(11), 729–735.

Craske, M. G., & Mystkowski, J. L. (2006). Exposure therapy and extinction: Clinical studies. In M. G. Craske, D. Hermans, & D. Vansteenwegen (Eds.), *Fear and learning: Basic science to clinical application* (pp. 217–233). Washington, DC: APA Books.

Deacon, B., Kemp, J. J., Dixon, L. J., Sy, J. T., Farrell, N. R., & Zhang, A. R. (2013). Maximizing the efficacy of interoceptive exposure by optimizing inhibitory learning: A randomized controlled trial. *Behaviour Research and Therapy, 51*(9), 588–596.

Ellard, K. K., Deckersbach, T., Sylvia, L. G., Nierenberg, A. A., & Barlow, D. H. (2012). Transdiagnostic treatment of bipolar disorder and comorbid anxiety with the Unified Protocol. *Behavior Modification, 36*, 482–508.

Ellard, K. K., Fairholme, C. P., Boisseau, C. L., Farchione, T. J., & Barlow, D. H. (2010). Unified protocol for the transdiagnostic treatment of emotional disorders: Protocol development and initial outcome data. *Cognitive and Behavioral Practice, 17*, 88–101.

Farchione, T. J., Fairholme, C. P., Ellard, K. K., Boisseau, C. L., ThompsonHollands, J., Carl, J., . . . Barlow, D. H. (2012). Unified protocol for the transdiagnostic treatment of emotional disorders: A randomized controlled trial. *Behavior Therapy, 43*, 666–678.

Frisch, M. B., Cornell, J., & Villanueva, M. (1992). Clinical validation of the Quality of Life Inventory: A measure of life satisfaction for use in treatment planning and outcome assessment. *Psychological Assessment, 4*(1), 92–101.

Gallagher, M.W. (2017). The unified protocol for posttraumatic stress disorder: A clinical replication series. In D. H. Barlow & T. J. Farchione (Eds.), *Applications of the Unified Protocol for Transdiagnostic Treatment of Emotional Disorders* (pp. 11–126). New York: Oxford University Press.

Goodman, W. K., Price, L. H., Rasmussen, S. A., Mazure, C., Fleischmann, R. L., Hill, C., & Charney, D. S. (1989). The Yale-Brown Obsessive Compulsive Scale: I. Development, use, and reliability. *Archives of General Psychiatry, 46*(11), 1006–1011.

Hafner, R. J., & Marks, I. M. (1976). Exposure in vivo of agoraphobics: Contributions of diazepam, group exposure and anxiety evocation. *Psychological Medicine, 6*, 71–88.

Hays, R. D., Sherbourne, C. D., & Mazel, R. M. (1993). The Rand 36item health survey 1.0. *Health Economics, 2*, 217–227.

Hope, D. A., Heimberg, R. G., & Turk, C. L. (2006). *Managing social anxiety: A cognitive-behavioral therapy approach: Therapist guide.* New York: Oxford University Press.

Izard, C. E. (1971). *The face of emotion.* New York: Appleton-CenturyCrofts.

Kessler, R. C., Nelson, C. B., McGonagle, K. A., Lui, J., Swartz, M., & Blazer, D. G. (1996). Comorbidity of DSM–III-R major depressive disorder in the general population: Results from the National Comorbidity Survey. *British Journal of Psychiatry, 168*, 17–30.

Kessler, R. C., Stang, P. E., Wittchen, H. U., Ustan, T. B., Roy-Byrne, P. P. & Walters, E. E. (1998). Lifetime panic-depression comorbidity in the National Comorbidity Survey. *Archives of General Psychiatry, 55*, 801–808.

Krueger, R. F., Watson, D., & Barlow, D. H. (2005). Introduction to the special section: Toward a dimensionally based taxonomy of psychopathology. *Journal of Abnormal Psychology, 114*, 491–493.

Lovibond, P. F., & Lovibond, S. H. (1995). The structure of negative emotional states: Comparison of the Depression Anxiety Stress Scales (DASS) with the Beck Depression and Anxiety Inventories. *Behaviour Research and Therapy, 33*(3), 335–343.

Mattick, R. P., & Clarke, J. C. (1998). Development and validation of measures of social phobia scrutiny fear and social interaction anxiety. *Behaviour Research and Therapy, 36*, 455–470.

Meyer, T. J., Miller, M. L., Metzger, R. L., & Borkovec, T. D. (1990). Development and validation of the Penn State Worry Questionnaire. *Behaviour Research and Therapy, 28*, 487–495.

Miller, W. R., & Rollnick, S. (2002). *Motivational interviewing: Preparing people for change* (2nd ed.). New York: Guilford Press.

Miller, W. R., & Rollnick, S. (2012). *Motivational interviewing: Helping people change* (3rd ed.). New York: Guilford Press.

Monfils, M. H., Cowansage, K. K., Klann, E., & LeDoux, J. E. (2009). Extinction-reconsolidation boundaries: Key to persistent attenuation of fear memories. *Science, 324*(5929), 951–955.

Norman, S. B., Hami Cissell, S., Means-Christensen, A. J., & Stein, M. B. (2006). Development and validation of an Overall Anxiety Severity and Impairment Scale (OASIS). *Depression and Anxiety, 23*(4), 245–249.

Otto, M. W., & Pollack, M. H. (2009). *Stopping anxiety medication: Therapist guide*. New York: Oxford University Press.

Purdon, C. (1999). Thought suppression and psychopathology. *Behaviour Research and Therapy, 37*, 1029–1054. doi:10.1016/ S0005-7967(98)00200-9

Sauer-Zavala, S., Bentley, K. H., & Wilner, J. G. (2016). Transdiagnostic treatment of borderline personality disorder and comorbid disorders: A clinical replication series. *Journal of Personality Disorders, 30*, 35–51.

Sauer-Zavala, S., Gutner, C., Farchione, T. J., Boettcher, H. B., Bullis, J. R., & Barlow, D. H. (2017). Current definitions of "transdiagnostic" in treatment development: A search for consensus. *Behavior Therapy, 48*, 128–138.

Shear, M. K., Brown, T. A., Barlow, D. H., Money, R., Sholomskas, D. E., Woods, S. W., . . . Papp, L. A. (1997). Multicenter Collaborative Panic Disorder Severity Scale. *American Journal of Psychiatry, 154*, 1571–1575.

Steer, R. A., Ranieri, W. F., Beck, A. T., & Clark, D. A. (1993). Further evidence for the validity of the Beck Anxiety Inventory with psychiatric outpatients. *Journal of Anxiety Disorders, 7*(3), 195–205.

Varela, R. E., & Hensley-Maloney, L. (2009). The influence of culture on anxiety in Latino youth: A review. *Clinical Child and Family Psychology Review, 12*(3), 217–233.

Wegner, D. M., Schneider, D. J., Carter, S. R., & White, T. L. (1987). The paradoxical effects of thought suppression. *Journal of Personality and Social Psychology, 53*, 5–13.

Westra, H. A., Arkowitz, H., & Dozois, D. J. A. (2009). Adding a motivational interviewing pretreatment to cognitive behavioral therapy for generalized anxiety disorder: A preliminary randomized controlled trial. *Journal of Anxiety Disorders, 23*, 1011–1184.

Westra, H. A., Constantino, M. J., & Antony, M. M. (2016). Integrating motivational interviewing with cognitive-behavioral therapy for severe generalized anxiety disorder: An allegiance-controlled randomized clinical trial. *Journal of Consulting and Clinical Psychology, 84*(9), 768–782.

Westra, H. A., & Dozois, D. J. A. (2006). Preparing clients for cognitive behavioural therapy: A randomized pilot study of motivational interviewing for anxiety. *Cognitive Therapy and Research, 30*, 481–498.

Zinbarg, R., Craske, M., & Barlow, D. H. (2006). *Therapist's guide for the mastery of your anxiety and worry program*, New York: Oxford University Press.

Zinbarg, R., Lee, L. E., & Yoon, L. (2007). Dyadic predictors of outcome in a cognitive--behavioral program for patient generalized anxiety disorder in committed relationships: A "spoonful of sugar" and a dose of non-hostile criticism may help. *Behaviour Research and Therapy, 45*(4), 699–713.